o pensamento
lean na saúde

Joint Commission Resources é líder global na publicação de informações **sobre qualidade e segurança da assistência à saúde, melhora do desempenho, prevenção do erro médico, segurança de medicamentos, equipe de assistência à saúde**, entre outras questões fundamentais do interesse de todas as organizações envolvidas com a assistência a saúde.

P418 O pensamento lean na saúde : menos desperdício e filas e mais qualidade e segurança para o paciente / [Joint Commission] ; tradução: Raul Rubenich ; revisão técnica: Joaquim Cardoso. – Porto Alegre: Bookman, 2013.
xiii, 106 p. : il. ; 25 cm.

ISBN 978-85-65837-22-4

1. Administração de serviços – Saúde. 2. Gestão da saúde – Qualidade. I. Joint Commission.

CDU 658.64:614.2

Catalogação na publicação: Natascha Helena Franz Hoppen – CRB 10/2150

o pensamento *lean* na saúde

menos desperdício e filas e mais qualidade e segurança para o paciente

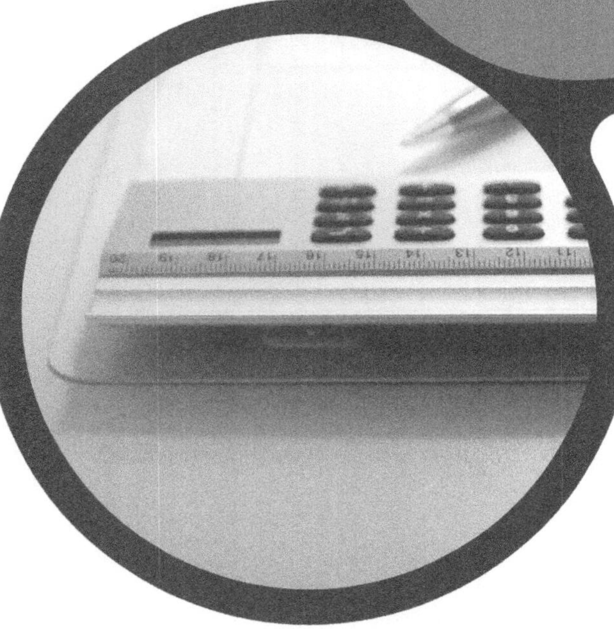

Tradução
Raul Rubenich

Revisão técnica
Joaquim Cardoso
Engenheiro mecânico.
Mestre em Gestão de Negócios pela London Business School.

Joint Commission Resources

bookman

2013

Obra originalmente publicada sob o título
Doing More with Less: Lean Thinking and Patient Safety in Health Care, 1st Edition
ISBN 0866889515 / 9780866889513

Gerente editorial CESA: *Arysinha Jacques Affonso*

Colaboraram nesta edição:

Coordenadora editorial: *Juliana Lopes Bernardino*

Capa: *Márcio Monticelli*

Preparação de originais: *Ronald Menezes*

Leitura final: *Mariana de Viveiros e Cynthia Costa*

Editoração eletrônica: *MSDE / Manu Santos Design*

Reservados todos os direitos de publicação, em língua portuguesa, à
BOOKMAN COMPANHIA EDITORA, uma empresa do Grupo A Educação S.A.
Rua Ernesto Alves, 150 - Bairro Floresta - 90220-190 - Porto Alegre - RS
Fone: (51) 3027-7000 - SAC 0800 703 3444 - www.grupoa.com.br

Unidade São Paulo
Av. Embaixador Macedo Soares, 10.735 - Pavilhão 5
Cond. Espace Center - Vila Anastácio
05095-035 - São Paulo - SP
Fone: (11) 3665-1100 Fax: (11) 3667-1333

SAC 0800 703-3444 - www.grupoa.com.br

IMPRESSO NO BRASIL
PRINTED IN BRAZIL
Impresso sob demanda na Meta Brasil a pedido de Grupo A Educação.

Apresentação à edição brasileira

Nas palavras de Michael Porter, professor da Harvard Business School, "a área da saúde pratica a medicina do século XXI com os modelos de gestão do século XIX". Algumas consequências disso são a alta taxa de desperdício da indústria, associada aos baixos índices de qualidade e segurança do paciente. Isso acontece mesmo em hospitais particulares, menos afetados pela crise do financiamento público da saúde. Por outro lado, a redução do desperdício é também uma estratégia de financiamento, pois permite a utilização dos recursos disponíveis de maneira mais eficiente.

As indústrias de alta performance utilizam-se de abordagens multidisciplinares nas áreas de engenharia, informatização e gestão, dentre outras. Assim, também, as organizações de alta performance no campo da saúde ao redor do mundo iniciaram a aplicação dessas metodologias ao longo da última década, e com sucesso, apesar de suas peculiaridades.

Uma maneira de ilustrar a baixa performance dos sistemas de saúde é fazer um paralelo com o míssil Vanguard, que explica uma de suas causas fundamentais: a falta de abordagem por processos e por sistemas.

Em 1957, a União Soviética lançou o Sputnik, o primeiro satélite feito pelo homem a orbitar a Terra. Logo depois, os Estados Unidos enviaram um satélite ao espaço usando um míssil Vanguard. Infelizmente, cada vez que o Vanguard era lançado da plataforma, falhava e explodia. O problema é que os projetistas tinham se concentrado nos componentes, mas não pensaram em todas as formas de interação entre eles. O sistema de saúde atual tem componentes maravilhosos, mas, à semelhança do que ocorre com o míssil Vanguard, a maneira como ele interage com outros componentes e com a população também não foi pensada com cuidado. O projeto do míssil Vanguard voltou para a prancheta e foi criteriosamente repensado a partir de uma perspectiva de sistemas e processos, a fim de atingir o objetivo final de lançamento de um satélite de modo eficaz e sem falhas. Pode-se dizer que foi feita uma "engenharia" do sistema. O sistema de saúde também precisa passar por um projeto de "engenharia".

Para a transformação dos sistemas de saúde, é necessário incluir no currículo de formação dos profissionais da área as disciplinas de engenharia de processos, sistemas e informatização e gestão de alta performance. Para tanto, o papel do líder é fundamental, bem como o engajamento dos profissionais. O estudo de novas disciplinas pelos profissionais de saúde, porém, precisa vir acompanhado da prática no dia a dia das organizações, com aplicação em equipes multidisciplinares – o que também representa uma quebra de paradigma na área.

Segundo Mark Chassin, presidente da Joint Commission, "coisas ruins acontecem em hospitais, mesmo nos acreditados pela Joint Commission".

Diante das altas taxas de desperdício na indústria da saúde e dos baixos índices de qualidade do serviço e segurança do paciente, essa área tem buscado por metodologias "robustas" de melhoria de processos. A Tabela 2 deste livro (ver Introdução) apresenta algumas estatísticas sobre tais problemas, como o estudo do Instituto de Medicina (1999), que estima que o número de pacientes que morrem por ano nos Estados Unidos, por eventos adversos que poderiam ser evitados, é da ordem de 100 mil por ano (o que corresponde à queda de um avião por dia, com 273 pessoas a bordo). A taxa de infecção hospitalar também é alarmante: 7%, ao mesmo tempo em que alguns hospitais têm atingido taxas próximas de zero. Do ponto de vista do desperdício, estudos do Instituto de Saúde da Nova Inglaterra (EUA) estimam que 30% dos gastos com saúde no sistema americano são desperdiçados. O desperdício na área da saúde é universal, e não acontece apenas no mercado norte-americano.

Uma das discussões na literatura a respeito da transferência de metodologias de gestão de processos utilizadas na indústria para a saúde é debatida e respondida neste livro, não apenas do ponto de vista teórico, mas por meio da apresentação de inúmeros estudos de caso com a aplicação real da metodologia *lean* na saúde (o Capítulo 5 ilustra vários desses casos e seus respectivos resultados). A própria Joint Commission utiliza a metodologia Lean Healthcare em seus processos internos. Os resultados atingidos pelas organizações da saúde que têm aplicado o sistema de gestão *lean* na saúde têm sido similares aos da indústria, utilizando cerca de metade dos recursos – ao mesmo tempo em que diminuem as filas de espera, aumentam a capacidade, melhoram a qualidade do serviço e a segurança do paciente.

É importante lembrar aqui que os princípios dos modelos de acreditação dos sistemas de saúde atualmente em crescimento no Brasil também tiveram sua origem na indústria, e somente depois foram aplicados na saúde.

No Brasil, tive a oportunidade de ser um dos pioneiros na aplicação do Lean Healthcare, em 2008, por meio de um projeto piloto no Hospital Municipal do M´Boi Mirim (Dr. Moyses Deutsch), administrado pelo Centro de Estudos e Pesquisas "Dr. João Amorim" (Cejam) e pelo Hospital Israelita Albert Einstein. Após esse projeto bem-sucedido, a Gestão de Processos e Melhoria da Performance tornou-se minha linha de pesquisa de doutorado. Diante dos resultados apresentados, o próprio Hospital Israelita Albert Einstein passou a utilizar o Sistema Lean Healthcare internamente. Outras organizações de saúde no Brasil também já iniciaram a aplicação do Lean Healthcare com sucesso, porém de maneira pontual. Assim, ainda há um longo caminho a percorrer, a começar pela disseminação do conceito de gestão de processos de alta performance, que representa um novo paradigma na indústria da saúde e na melhoria da qualidade.

A tradução deste livro é um passo importante nesta jornada do Lean Healthcare no Brasil. Que Deus nos abençoe nesta longa e árdua caminhada, para a melhoria dos sistemas de saúde em nosso país.

Joaquim Cardoso

Apresentação

O Lean Enterprise Institute (LEI) recebe muitos telefonemas e *e-mails* de profissionais da área da saúde perguntando: "Os princípios do pensamento *lean* se aplicam ao meu trabalho? Em caso afirmativo, como posso implementá-los?".

A resposta a essa pergunta está neste livro. *O pensamento* lean *na saúde* faz mais do que afirmar que os princípios do pensamento *lean* se aplicam à assistência à saúde. A Joint Commission elaborou um livro prático e objetivo que explica aos profissionais da assistência à saúde, na sua própria linguagem, como e por que o pensamento *lean* se aplica à questão crucial da segurança.

Começando com uma visão panorâmica de como o pensamento *lean* desenvolveu-se e disseminou-se pelo setor industrial, o livro explica rapidamente e – o que é mais importante para o leitor da área da assistência à saúde – com clareza por que os princípios do pensamento *lean* são aplicáveis na área da assistência à saúde. Melhor ainda, oferece exemplos específicos de como aproveitar os princípios do pensamento *lean* no ambiente da assistência à saúde e de como os hospitais de ponta estão usando esses conceitos para aperfeiçoar a segurança mediante a eliminação das causas-raiz dos problemas. Por exemplo, um hospital incorporou ao seu programa de segurança o conceito *lean* de interromper uma linha de produção assim que surge um problema, a fim de resolvê-lo imediatamente. Os integrantes da equipe receberam treinamento e poder para interromperem o processo sempre que um problema ocorrer, para avaliar com presteza a situação e resolver o problema na origem. Quando as pessoas da linha de frente não são capazes de resolver a questão de imediato pedem logo ajuda.

Este é apenas um dos muitos exemplos que este livro utiliza para introduzir um princípio de uma indústria que parece muito diferente aos profissionais da assistência à saúde e lhes demonstrar de que maneira ele se aplica ao seu campo de atuação. A chave para discernir essa conexão, como James Wormack – fundador e presidente do LEI – costuma destacar, é que todos os empreendimentos são coleções de processos. Empresas bem-sucedidas na indústria, na área de serviços e na assistência à saúde são aquelas que gerenciam processos fundamentais, ações que precisam ser executadas corretamente, na sequência adequada e no tempo certo para agregar valor aos clientes.

Para que as transformações *lean* sejam um sucesso também é preciso o envolvimento ativo dos líderes das empresas. Senti-me encorajada ao ver a ênfase que este livro dedica ao papel da liderança, incluindo uma lista de verificação (*check-list*) para ajudar os líderes a determinar seus pontos fortes e fracos na promoção da mudança. O livro oferece muitos outros recursos práticos – um glossário conciso de termos relacionados ao pensamento *lean*, *sites* ligados ao tema e informações sobre como usar os princípios *lean* para atender os padrões de melhoria de desempenho estabelecidos pela Joint Commission.

Espero que os leitores apreendam as lições nele contidas e as utilizem para se tornarem brilhantes pensadores em termos de processos, e líderes que transformem a assistência à saúde e aperfeiçoem a segurança de seus pacientes.

Helen Zak
Vice-presidente executiva e diretora de operações
do Lean Enterprise Institute

Prefácio

Pensamento *lean*: uma nova abordagem da qualidade

Muitos prestadores de serviços de assistência à saúde estão constatando que um método que utilize princípios *lean* – os quais, aplicados à assistência à saúde, enfatizariam o serviço ao paciente, os padrões de segurança, a melhoria da qualidade, a satisfação das equipes e a vitalidade econômica – é a resposta a todos os problemas. Com base no Sistema Toyota de Produção, desenvolvido no Japão, o sistema *lean* pode ser a resposta à necessidade de uma organização de assistência à saúde que faça mais com menos.

O pensamento *lean* consegue, de fato, fazer mais com menos – menos esforço humano, menos tempo, menos espaço, menos equipamento – e, paralelamente a isso, fornece aos pacientes exatamente aquilo de que eles precisam, e quando eles precisam.

Essa descrição pode parecer simplista, mas, para funcionar com eficácia, a metodologia *lean* precisa levar em consideração algumas ideias complexas. Um conceito fundamental que permeia o pensamento *lean* é a eliminação do desperdício. Proponentes do pensamento *lean*, não apenas no Japão, mas em todo o mundo, usam o termo japonês para desperdício – *muda* – ao discutir qualquer atividade que utilize recursos, mas que não crie valor. Nesse contexto, *muda* é qualquer coisa que cometa erros, acumule estoques desnecessários, exija passos de processos desnecessários, transfira empregados de um lugar para outro sem qualquer motivo lógico, force os trabalhadores a esperarem até que um obstáculo anterior seja removido ou gere produtos/serviços que não satisfazem as demandas dos clientes. Torna-se óbvio, portanto, que o desperdício não tem guarida nos processos do pensamento *lean*. A lógica por trás da eliminação do desperdício é que, ao fazê-lo, uma organização pode desempenhar a tarefa de oferecer aos clientes/pacientes aquilo que eles esperam, no prazo pretendido e com um mínimo de recursos.

O resultado disso é um método de melhoria do desempenho que, da perspectiva da organização de assistência à saúde, identifica o paciente como o foco central e adapta seus métodos de operação para criar um ambiente de valores orientado aos pacientes. Entre esses valores estão a segurança e a satisfação do paciente, e a assistência apropriada a ele.

Com isso não se quer dizer que outros fatores não sejam importantes. Da mesma forma como ocorre com a maioria das operações de assistência à saúde, existem dois grupos de "clientes": os clientes externos (os pacientes, seus financiadores e fornecedores) e os clientes internos (a equipe de trabalho e a organização). É interessante notar que, quando os princípios do pensamento *lean* trabalham para suprir as necessidades do cliente principal (o paciente), os resultados em geral satisfazem também as necessidades do pessoal e da liderança da organização de assistência à saúde. Isso não é de surpreender, já que um dos objetivos do pensamento *lean* é prover mais valor ao paciente em paralelo à utilização de menos recursos. Isso pode traduzir-se em economias de custos (redução do desperdício de recursos) e satisfação da equipe de trabalho (proporcionar mais ao paciente e ao mesmo tempo eliminar o supérfluo e a ineficiência, e promover a satisfação da equipe ao elevar o valor agregado do seu trabalho).

Os capítulos subsequentes oferecem uma detalhada descrição da metodologia *lean* e de como ela pode ser aplicada às organizações de assistência à saúde. Especificamente, o Capítulo 1 proporciona uma visão geral do pensamento *lean* e comparações resumidas com outros sistemas de qualidade. Essa visão panorâmica apresenta as origens do pensamento *lean* e explica como ele teve origem como um sistema de produção que é ainda utilizado na indústria. Há também uma breve relação de termos específicos do pensamento *lean*, cujo significado é essencial para a compreensão do sistema. O Capítulo 2 detalha o conceito pleno do sistema *lean* mediante a descrição detalhada das etapas componentes do processo. Esse capítulo tem por objetivo reunir informações sobre a metodologia *lean* em geral e sobre a maneira como ela se relaciona com situações da assistência à saúde.

Os Capítulos 3 e 4 aplicam os processos da metodologia *lean* na indústria da assistência à saúde em situações específicas. Um dos tópicos mais importantes desses capítulos é o papel da liderança na implementação do pensamento *lean* no ambiente do atendimento à saúde, e o Capítulo 3 dedica uma seção significativa a esse assunto. O desenvolvimento de atividades criadoras de valor e a superação dos obstáculos à sua utilização em uma organização de assistência à saúde são temas explorados em profundidade. Em geral, os objetivos finais da segurança do paciente e de serviços de qualidade permanecem como o ponto de referência para todas as atividades.

O Capítulo 5 apresenta estudos de casos de diversas organizações que estão aplicando com sucesso a metodologia *lean*. Essas organizações variam em escopo e dimensões, mas todas utilizaram e/ou adaptaram os princípios do processo *lean* como uma ferramenta para melhorar o desempenho.

Por fim, temos três Apêndices encerrando o livro. O primeiro deles, "Líderes *lean*", apresenta resumos biográficos de vários dos principais defensores dos princípios que sustentam a metodologia *lean*. "Usando os princípios *lean* para satisfazer os padrões da Joint Comission" apresenta padrões específicos de melhoria de desempenho e descreve como os conceitos do *lean* se aplicam a cada um deles. O terceiro Apêndice, "Recursos selecionados", relaciona recursos publicados, referências e *sites* na internet relacionados ao *lean* para informações adicionais.

Observação: ao longo deste livro, os termos cliente/paciente e produto/serviço são ocasionalmente usados para indicar que a metodologia *lean* pode ser aplicada tanto às indústrias de produção (cliente, produto) quanto de serviços (paciente, serviços de assistência à saúde). Os termos são utilizados como forma de indicar que o pensamento *lean* não é simplesmente uma ferramenta de melhoria do desempenho da manufatura. Em um cenário de assistência à saúde, a definição do cliente não é tão precisa quanto em outras indústrias; o cliente de assistência à saúde pode ser um paciente (o cliente principal), uma fonte-pagadora, um fornecedor ou uma agência governamental ou de regulamentação. Neste livro, o paciente citado é em geral o cliente principal, que recebe o atendimento e os serviços da organização de assistência à saúde.

Agradecimentos

A Joint Commission deixa aqui registrados os agradecimentos aos vários revisores e às organizações que tanto contribuíram para melhorar a qualidade e o escopo deste livro. Agradecimentos especiais a Robert D. Charles, CEO da North Star Advisors, uma empresa de consultoria sobre o *lean* na assistência à saúde; Chet Marchwinski, diretor de comunicações do Lean Enterprise Institute; e Diane Miller, diretora do Institute for Healthcare Improvement, por suas inestimáveis contribuições. Nosso reconhecimento especial é igualmente devido a Ann Kepler, por seu trabalho e dedicação à tarefa de apresentar um texto de alta qualidade.

Sumário

Introdução

Fazer alguém esperar 10 horas para passar por uma sessão de quimioterapia não é a melhor forma de utilizar o tempo. No entanto, era dessa forma que muitos pacientes com câncer passavam um dia por semana durante a etapa de quimioterapia do seu tratamento.

Um dia típico de tratamento costumava começar no saguão do hospital, quando a recepcionista encaminhava o paciente ao laboratório, no sexto andar, para fazer exame de sangue. Ao deixar o laboratório, o paciente voltava ao segundo andar para consultar seu oncologista. Como regra geral, o resultado do exame ainda não estava concluído, e o paciente precisava esperar até que isso ocorresse.

Depois que o médico revisava o resultado do exame do laboratório e examinava o paciente, este ia para o centro de tratamento, no oitavo andar. Após mais um período de espera, ele recebia a quimioterapia intravenosa. Ao deixar o hospital, o paciente tinha permanecido de oito a dez horas na instituição, muitas vezes sem comer. Saía dali exausto e com mal-estar, mas, ainda assim, resignado a tolerar todos esses inconvenientes em troca dos benefícios do tratamento.

Hoje, a quimioterapia nesse mesmo hospital já não dura mais um dia inteiro. Inspirado nos métodos do pensamento *lean* da indústria automobilística japonesa, mais especificamente pelo Sistema Toyota de Produção, o Virginia Mason Medical Center (VMMC), em Seattle, nos Estados Unidos, aplicou os conceitos *lean* a uma variedade de situações no hospital – sendo uma delas o tratamento de câncer.

Um dos conceitos fundamentais do pensamento *lean* é que o valor de um serviço é definido pela perspectiva do cliente, neste caso, o paciente. Outro conceito é a eliminação do desperdício. Nesse programa de quimioterapia, o VMMC revisou seu processo pela perspectiva do paciente com câncer, e observou todos os desperdícios durante o tratamento. O resultado foi um processo racionalizado que passou a funcionar em benefício de todos os envolvidos. O VMMC começou pelo agrupamento das instalações de tratamento do câncer em uma única área do hospital. Os consultórios dos médicos e o laboratório ficam ao lado das salas de exame e tratamento. Uma farmácia foi instalada no centro oncológico, diminuindo, assim, o tempo de preparação da quimioterapia. As salas de espera ficam no centro e possuem janelas, uma cafeteria com internet e decoração agradável para aliviar o estresse dos pacientes. A proximidade dos pacientes com os consultórios de seus médicos reduziu ainda mais o estresse. A disposição física do centro oncológico é projetada para que tudo ali flua em direção ao paciente. Assim, o tempo e a energia do paciente com câncer, a essa altura seus bens mais preciosos, são poupados. O novo sistema reduziu a quatro horas o dia típico de tratamento do paciente, e o tempo economizado tem permitido ao hospital tratar um número maior de pacientes por semana.

O VMMC é uma das organizações de assistência à saúde que estão permanentemente à procura de formas melhores de proporcionar assistência de qualidade ao mesmo tempo em que mantêm ou aperfeiçoam a saúde intrínseca das suas próprias organizações. O VMMC e muitas outras organizações constataram que os princípios da metodologia do pensamento *lean* da Toyota podem ser aplicados a organizações não integrantes do setor industrial para concretizar metas individuais de qualidade.

Antecedentes

Um renovado empenho para melhorar o desempenho da assistência à saúde teve início em meados da década de 1980, assim que a indústria norte-americana despertou para o fato de que, a fim de poder competir globalmente, teria de usar uma nova abordagem para melhorar o desempenho. Em vez de confiar no tradicional método da inspeção, a indústria decidiu concentrar-se, pela primeira vez, naquilo que realmente deveria ser feito, isto é, os executivos da indústria passaram a tentar entender os processos usados por suas organizações e com base nisso aperfeiçoar continuamente o projeto desses processos. Essa abordagem é atribuída a W. Edwards Deming, conhecido como o pai do renascimento industrial japonês no pós-guerra, e às companhias japonesas, entre elas a Toyota, que adotaram a filosofia de Deming como um programa diário de negócios (Tab. 1).[1]

Por volta dessa mesma época, muitas organizações de assistência à saúde começaram a fazer uso dessa abordagem de melhoria contínua. Os líderes do ramo buscavam uma forma de realizar melhorias significativas nos resultados clínicos, bem como no desempenho financeiro, como uma reação à necessidade crítica de controlar os custos. Muitos líderes do setor gostaram da idéia, emprestada da indústria de manufatura, de que pacientes e provedores de assistência à saúde poderiam trabalhar em conjunto para avaliar o desempenho e melhorar os processos.

A necessidade desse tipo de redesenho dos serviços de assistência à saúde era inevitável. Mudanças na indústria de assistência à saúde nas últimas duas décadas tornaram obrigatórias alterações no fornecimento dos serviços a fim de que se alcançasse tanto uma assistência de qualidade quanto a estabilidade financeira. À medida que a população envelhece, as pessoas vivem mais – muitas vezes como resultado direto das melhorias na tecnologia e nos procedimentos da assistência à saúde – e o número de pacientes tem aumentado radicalmente. Ao mesmo tempo, a necessidade de espaço físico e a redução do tempo do ciclo de operações têm se tornando críticas. As despesas com atualização da tecnologia – os custos tanto dos equipamentos quanto dos recursos indispensáveis para o treinamento – estão em constante ascensão. Em resumo, exige-se que os provedores de assistência à saúde atendam um número maior de pacientes com menos recursos a custos reduzidos.

Ao mesmo tempo em que as organizações de assistência à saúde são forçadas a fazer mais com menos, elas enfrentam um escrutínio maior por parte do público. Ainda que o modelo de remuneração por número de pacientes atendidos (*capitation*), com ênfase na contenção de custos, continue a ser um importante fator na economia do setor de assistência à saúde, a segurança do paciente, a qualidade dos cuidados e dos serviços a ele prestados vão se tornando prioridades. Pacientes, provedores de assistência, compradores, fontes pagadoras, líderes comunitários, credores, reguladores e outros grupos de interesse passam a avaliar as organizações de assistência à saúde e a exigir capacidade de resolução como nunca antes. No passado, disponibilizar ao público e aos funcionários informações sobre qualidade e custo, receber e pagar por serviços era opcional. Não é mais o caso. A internet proporciona informações sobre saúde e dados sobre instituições de saúde concorrentes a qualquer pessoa com acesso a um computador, e os grupos de interesse exigem plena transparência. É somente por meio da transparência a respeito de qualidade, eficiência e contenção de custos que uma organização de assistência à saúde mantém-se como instituição viável.

Tabela 1

Os 14 Pontos de Deming

1.	Crie constância de propósitos para a melhoria contínua de produtos e serviços oferecidos à sociedade, alocando recursos para atender necessidades a longo prazo, em vez de visar apenas à lucratividade a curto prazo, com um plano para se tornar competitivo, permanecer na indústria e proporcionar empregos.
2.	Adote a nova filosofia. Estamos em uma nova era econômica, criada no Japão. Não podemos mais conviver com os níveis outrora aceitos de atrasos, erros, materiais com defeito e mão de obra defeituosa. A transformação do estilo ocidental de gerenciamento é imperativa para cessar o contínuo declínio empresarial e industrial.
3.	Elimine a dependência da produção em massa e a necessidade de inspeções em massa como a melhor forma de garantir qualidade; incorpore a qualidade dos produtos em primeiro lugar. Exija evidências estatísticas de qualidade intrínseca tanto nas funções de manufatura quanto de compras.
4.	Elimine os contratos mais baratos. Acabe com a prática de premiar as empresas com base apenas na etiqueta do preço. Em vez disso, exija medidas realmente significativas de qualidade junto com o preço. Reduza o número de fornecedores do mesmo item mediante a eliminação daqueles que não se qualificarem de acordo com as estatísticas e pela evidência da qualidade. O objetivo aqui é minimizar o custo total, não meramente o custo inicial, reduzindo a variedade. Isso pode ser feito ao se dar preferência a um fornecedor único para todos os itens, num relacionamento de longo prazo de lealdade e confiança. Os gerentes de compras têm uma nova função, e precisam aprender tudo sobre ela.
5.	Melhore cada processo de planejamento, produção e serviço. Procure continuamente pelos problemas a fim de melhorar cada atividade presente na empresa, a qualidade e a produtividade, e com isso reduzir os custos. Institua a inovação e a melhoria contínua de produtos, serviços e processos. É função do gerente trabalhar continuamente no sistema (projeto, recebimento de materiais, manutenção, melhoria dos equipamentos, supervisão, treinamento e retreinamento).
6.	Institua o treinamento no trabalho (*on the job training*). Aplique métodos modernos de treinamento no trabalho de todos, inclusive dos gerentes, para que cada empregado possa dar o melhor de si. Novas habilidades são exigidas a fim de se manter em dia com mudanças em materiais, métodos, projetos de produtos e serviços, equipamentos, técnicas e serviços em geral.

continua >>

continuação

7. Institua a liderança. O líder ajudará as pessoas a exercerem suas funções com mais qualidade. A responsabilidade dos gerentes e supervisores deve ser transformada, passando de números absolutos para qualidade. A melhoria da qualidade irá automaticamente aperfeiçoar a produtividade. O gerenciamento deve garantir que ações imediatas sejam adotadas sobre defeitos relatados ou herdados, requisitos de manutenção, ferramentas inadequadas, definições operacionais incoerentes e sobre todas as condições que signifiquem prejuízo à qualidade.

8. Elimine o medo. Incentive a comunicação eficaz bilateral e utilize-se também de outros meios para eliminar o medo em toda a organização, de modo que todos possam trabalhar com eficiência e maior produtividade para a empresa.

9. Elimine as barreiras entre departamentos. Pessoas de áreas diferentes (...) devem trabalhar em equipes para enfrentar problemas encontrados em produtos ou serviços.

10. Elimine o uso de slogans, pôsteres e incentivos à força de trabalho, exigindo, por exemplo, defeito zero e novos níveis de produtividades, sem proporcionar os meios para isso. Esses estímulos servem apenas para criar relacionamentos hostis; o núcleo das causas da baixa qualidade e baixa produtividade pertence ao sistema, e, portanto, encontra-se muito além do alcance da força de trabalho.

11. Elimine metas numéricas arbitrárias. Elimine padrões de trabalho que prescrevam quotas para a força de trabalho e alvos numéricos para os gerentes. Substitua tudo isso por ajuda e liderança participativa a fim de concretizar o continuado aperfeiçoamento da qualidade e produtividade.

12. Estimule o orgulho em relação à capacidade profissional. Remova as barreiras que privam os trabalhadores que batem cartão, e os gerentes, do seu direito ao orgulho pelas respectivas capacidades. Isso implica, entre outras coisas, a abolição da avaliação anual de mérito (avaliação de desempenho) e do gerenciamento por objetivo. Mais uma vez, a responsabilidade de gerentes, supervisores e operadores deve ser avaliada não pelos números, mas pela qualidade.

13. Estimule a aprendizagem. Institua um vigoroso programa de educação e incentive o autoaperfeiçoamento. As organizações não precisam apenas de bons trabalhadores; elas precisam de pessoas que estejam sempre estudando e se aperfeiçoando. As promoções para cargos competitivos devem passar a ser feitas com base no conhecimento dos funcionários..

14. Garanta o comprometimento e a ação da cúpula administrativa. Defina com clareza o comprometimento da cúpula administrativa com a qualidade e produtividade em permanente aperfeiçoamento e sua obrigação de implementar todos os princípios aqui enumerados. Na verdade, não basta que os gerentes de alto escalão comprometam-se permanentemente com a qualidade e a produtividade. Eles precisam saber com o que estão comprometidos, ou seja, o que eles precisam fazer. Crie uma estrutura na cúpula administrativa que dê condições cotidianas à implementação dos 13 pontos anteriores, e tome medidas capazes de fazer cumprir a transformação. Apoio não é o bastante, é preciso agir!

Fonte: Deming, W.E.: Out of the Crisis. Cambridge, MA: MIT Press, 1982, pp. 23-24. Usado com permissão.

Além disso, a intensa concorrência na indústria da assistência à saúde pressiona cada vez mais as organizações do setor a melhorarem o desempenho e aumentarem a qualidade ao mesmo tempo em que reduzem os custos. As organizações de assistência à saúde estão sendo compelidas a identificar e enfatizar o valor, que se baseia no relacionamento entre a qualidade percebida do serviço e o seu custo. Observe bem o uso do termo *qualidade percebida*: a organização de assistência não precisa apenas prover valor, mas também um meio de reconhecê-lo e identificá-lo. Isso é parte da transparência que os consumidores de assistência à saúde esperam hoje.

Nessa mesma linha, os órgãos reguladores e autorizadores da assistência à saúde buscam informações objetivas e comparativas com as quais possam avaliar o desempenho dos provedores de assistência à saúde. Assim, as organizações do setor concentram-se atualmente em reunir e analisar dados de processos e resultados, e em usar esses dados para (1) fazer melhorias onde necessárias e (2) certificar-se de que determinadas mudanças de procedimentos cumpriram os propósitos visados.

Para tanto, os profissionais da assistência à saúde procuram sempre ferramentas de melhoria do desempenho capazes de ajudá-los a:

- Estabelecer prioridades.
- Planejar as metas de melhoria.
- Trabalhar com eficiência em equipes para melhorar os processos.
- Identificar e entender os processos existentes na organização.
- Selecionar e implementar procedimentos destinados a melhorar os processos e seus resultados.

Além de facilitar o aperfeiçoamento do desempenho geral, existem frequentemente razões específicas pelas quais uma organização de assistência à saúde decide optar por uma nova abordagem da qualidade. São elas:

- O sistema anterior ou o presente de qualidade não está proporcionando meios suficientes para concretizar os objetivos da liderança.
- A organização não está conseguindo competir no seu mercado.
- A organização está tentando se recuperar de uma crise ou então evitá-la.

Tabela 2

Sintomas de um sistema de saúde doente nos Estados Unidos

EXTERNOS	INTERNOS
• Quase 100 mil norte-americanos morrem anualmente em função de erro médico.	• 41% dos profissionais de enfermagem norte-americanos estão insatisfeitos com seu trabalho (internacionalmente, essa cifra oscila entre 30 e 40%).
• 7% dos pacientes internados contraem algum tipo de infecção.	• 30% dos enfermeiros com menos de 30 anos de idade planejam deixar a profissão dentro de um ano.
• Um em cada 100 pacientes hospitalizados recebe medicação errada.	• Apenas 33% dos enfermeiros declaram haver equipes suficientes para atender a carga de trabalho.
• Depois de gastar milhões de dólares para desenvolver um novo medicamento, em apenas 30% das vezes ele é administrado corretamente.	• 45% dos enfermeiros acreditam que a qualidade da assistência piorou no decorrer do último ano.
• A possibilidade de alguém morrer por erros humanos evitáveis é 10 mil vezes maior em um hospital do que em um avião.	• Apenas 34% dos enfermeiros acreditam que seus pacientes podem cuidar de suas enfermidades quando liberados da internação.

Fonte: Thompson D.N., Wolf G.A., Spears S.J.: Driving improvement in patient care: Lessons from Toyota. JONA 33.586, nov. 2003. Utilizado com permissão.

- A composição da organização sofreu uma mudança, por exemplo, uma consolidação de vários provedores de assistência à saúde em uma organização regional destinada a prover um portfolio de serviços de assistência a pacientes em uma região geográfica definida e a competir por contratos de prestação desses serviços.
- A liderança administrativa sofreu uma mudança.

Esses desafios, juntamente com o aumento do escrutínio público dos serviços de assistência à saúde, tornaram a assistência de alta qualidade mais do que simplesmente um imperativo ético; prestar assistência à saúde de qualidade passou a ser uma necessidade operacional.

A importância da melhoria do desempenho

O cenário em transformação da assistência à saúde proporcionou incentivos para que os líderes do setor buscassem abordagens destinadas a aperfeiçoar seus serviços e que lhe permitissem concorrer no mercado. Essas abordagens precisam contar com sistemas viáveis e resultados mensuráveis. A fim de proporcionar desempenho com qualidade, as organizações precisam ser centradas nos pacientes e ressaltar como metas principais sua segurança e satisfação. Elas devem despertar entusiasmo entre o seu pessoal e ser flexíveis e passíveis de modificações, sempre que necessárias.

À medida que as abordagens de melhoria mudaram para satisfazer as novas necessidades, ou seja, para prover um meio de aperfeiçoar continuadamente os processos, os líderes do setor descobriram inúmeras lições importantes:

- A liderança precisa comprometer-se com a melhoria contínua – tanto aprovando os recursos necessários quanto participando ativamente do processo – para que o esforço gere resultado.
- As organizações precisam envolver seus pacientes – internos e externos – e atender suas necessidades e expectativas.
- A maioria das oportunidades de melhoria ocorrem pela identificação e correção de problemas no âmbito dos processos com os quais os indivíduos trabalham, e não pela identificação de indivíduos que não estão tendo um bom desempenho.
- Muitos problemas nos processos de trabalho surgem porque eles são transferidos para outras unidades, para outras pessoas ou outros departamentos.
- Avaliações de desempenho precisas e confiáveis são necessárias para se analisar o desempenho atual e identificar as áreas que precisam de aperfeiçoamento.
- Um método sistemático de melhoria é indispensável para orientar a mensuração, a avaliação e a melhoria.

Embora qualquer uma das razões acima citadas possa estimular uma mudança, existe também um lado negativo nesse tipo de mudança de larga escala. Ainda que a melhoria do desempenho da qualidade em geral conduza a uma economia de custos, fazer uma mudança em sistemas de qualidade pode ser, por si só, algo muito dispendioso, especialmente em sua fase inicial. É preciso levar em consideração o custo do treinamento e o tempo para a implementação de um novo sistema, além do permanente risco de fracasso. Subjacente a todos esses potenciais obstáculos está a resistência à mudança. Os capítulos posteriores analisarão esses problemas, e suas possíveis soluções, no âmbito da indústria da assistência à saúde.

Referência

1. Leadership Institute, Inc.: *Who Is Dr. W. Edwards Deming?* Atualizado em 26/05/2005. http//lii.net/deming.html.

As origens do pensamento *lean* 1

O pensamento *lean* é uma metodologia, de cinco passos, para a melhoria do desempenho. Em sua essência, é uma maneira de fazer mais com menos e, ao mesmo tempo, de chegar sempre mais perto do objetivo de fornecer aos clientes o que eles realmente querem, quando o querem e na quantidade de que precisam.

A metodologia *lean* se afasta da prática usual de convencer os clientes a aceitarem produtos ou serviços que uma organização já fornece ou pretende fornecer. Em vez disso, o pensamento *lean*, pergunta aos clientes o que eles querem, como e quando precisam disso. Em outras palavras, os clientes passam a ser o foco, e especificam o valor do produto final.

Para atender ao valor especificado pelo cliente, um praticante do pensamento *lean* identifica a cadeia de valor, um conjunto de processos que produz os serviços determinados pelos clientes. Qualquer passo individual na cadeia de valor que contribua diretamente para o valor final é considerado um passo "de valor agregado". Qualquer passo que não contribua para o objetivo final é considerado um passo "sem valor agregado". Assim, a situação ideal – uma cadeia de valor contínua com o menor número de atividades necessárias para satisfazer as demandas dos clientes – eliminaria passos que não agregam valor. Esses passos sem valor agregado são considerados desperdício, e um conceito fundamental que sustenta o pensamento *lean* é exatamente a eliminação do desperdício.

Outra categoria de desperdício é a atividade "que não agrega valor, mas é necessária", nas condições existentes. Essa definição estrita de desperdício não está agregando valor na visão dos clientes, mas há muitas ações necessárias, ao longo do processo, que o paciente não consideraria como agregadoras de valor. Mesmo assim, esses passos precisam ser dados. O desafio é reduzir o tempo gasto com as atividades que não agregam valor, mas são necessárias – uma tarefa tão importante quanto a de remover o desperdício.

O desperdício, ou *muda*, em japonês, é qualquer atividade que gasta recursos, mas não cria valor. Um aspecto específico da metodologia do pensamento *lean* é a permanente eliminação do desperdício ao longo de toda a extensão da cadeia de valor. O resultado disso é uma série de processos que requer menos recursos humanos e capital para criar um produto ou serviço mais barato e que dê menos problemas do que aqueles produzidos no âmbito dos sistemas empresariais mais tradicionais. As organizações, portanto, passam a ter condições de reagir com mais rapidez e eficiência às exigências dos clientes.

As raízes do pensamento *lean*

A origem industrial do processo de pensamento *lean*, conhecido como Sistema Toyota de Produção (STP), tem o Japão como cenário. Em 1902, Sakichi Toyoda, fundador do Grupo Toyota, inventou um tear que parava imediatamente de funcionar se algum dos filamentos se rompesse. Foi uma invenção revolucionária por viabilizar a automação do trabalho dos teares de tal forma que um único operador conseguia comandar, ao mesmo tempo, dezenas dessas máquinas.

A invenção de Toyoda reduziu defeitos, aumentou a produção e economizou dinheiro, porque com ela o tear parava de produzir tecido com defeito e de consumir os filamentos depois da ocorrência de um problema. Assim, surgiu o princípio de interromper imediatamente a produção sempre que um problema é detectado, para eliminar a perda de tempo, reduzir o número de produtos com defeito e manter o fluxo contínuo de produção. Esse princípio é um dos fundamentos cruciais do pensamento *lean* para a melhoria do desempenho.

Durante a década de 1930, o Grupo Toyota estabeleceu uma operação de produção de automóveis, administrada por Kiichiro Toyoda, filho de Sakichi. O jovem Toyoda viajou aos Estados Unidos a fim de estudar a operação da linha de montagem da indústria automobilística de Henry Ford, e, ao voltar ao Japão, percebeu que precisaria adaptar a operação Ford aos pequenos volumes de produção do mercado automobilístico japonês.

Toyoda decidiu fornecer aos trabalhadores, nos diferentes processos de montagem, exclusivamente os tipos e as quantidades de itens indispensáveis, somente quando se tratasse de uma necessidade comprovada. Seu sistema modificado determinava que cada passo do processo produzisse apenas os tipos e as quantidades de produtos/peças de que o processo seguinte necessitasse.

A produção e o transporte ocorriam simultaneamente ao longo da sequência da produção – tanto durante quanto entre os processos – e esse foi o começo da produção *just-in-time* (JIT). Da mesma forma que o princípio de interromper a produção sempre que ocorre um problema, o JIT é outro ponto fundamental do pensamento *lean*.

A pessoa mais identificada com o STP e o pensamento *lean*, contudo, não é Kiichiro Toyoda, e sim Taiichi Ohno, um executivo da Toyota que, ao implementar o JIT, deu início ao STP da forma como é praticado hoje. Embora ele tenha visitado os Estados Unidos para estudar plantas automotivas, chegou finalmente à conclusão, para seu próprio espanto, de que as respostas que buscava estavam nos supermercados norte-americanos.

Nas suas andanças por esses supermercados, Ohno teve a atenção despertada pelo fato de que os clientes escolhiam exatamente aquilo que desejavam, nas quantidades pretendidas. Isso foi uma espécie de revelação para ele, porque o Japão, àquela altura, não contava com muitas lojas de alimentos que funcionava com o sistema de autoatendimento. Quando solicitado a descrever seu sistema de produção, muitos anos depois, ele geralmente fazia analogia com os supermercados.

Cada uma das linhas de produção apresentava seus resultados para que a linha seguinte os selecionasse, como produtos nas prateleiras do supermercado. Cada linha transformava-se, então, no cliente da linha anterior e no supermercado da linha seguinte. Essa, por sua vez, escolheria unicamente os itens de que necessitasse. A linha precedente produziria unicamente os itens que substituiriam aqueles que a linha seguinte tivesse escolhido.

Esse formato simplificado foi desenvolvido para se tornar o conceito de puxar, um sistema orientado pelas necessidades das linhas seguintes. Ohno colocava isso em contraste com o tradicional sistema de empurrar, que era orientado pela produção das linhas precedentes.[1]

Entrando no século XXI

A presença de Taiichi Ohno no desenvolvimento do STP e sua influência na metodologia do pensamento *lean* persistem até os dias de hoje, em que a Toyota aplica a sua fórmula de fazer negócios a uma nova economia global. Os executivos da Toyota não preveem qualquer grande desvio dos princípios tradicionais do STP. A flexibilidade embutida no sistema e sua inerente capacidade de reagir às mudanças nas demandas permitem ao STP enfrentar e pairar acima das inconstâncias do mercado globalizado. A ênfase em estabelecer um ambiente focado no cliente, promover qualidade ao batalhar pelo permanente aperfeiçoamento, eliminar defeitos mediante a correção dos problemas assim que aparecem e aumentar a rentabilidade pela eliminação do desperdício e pela utilização inteligente dos recursos são práticas permanentes e imunes a fronteiras culturais ou geográficas.

A Toyota vê também uma necessidade institucional de desenvolver e treinar pessoas em qualquer cenário global. Desde o começo, o STP reconheceu a importância da criação de um ambiente em que as pessoas precisem pensar para dar vida ao *kaizen* (melhoria contínua) e para desenvolver um sentimento de satisfação derivado dessa tarefa. Ohno gostava de orientar os trabalhadores a perguntar cinco vezes "por quê?" sempre que um erro ocorria. Ele acreditava que essa era a única forma de eliminar a raiz de um erro, e que eliminá-la já na sua primeira manifestação prevenia a recorrência. Ohno enfatizava que a observação *in loco* era muito superior à dedução, e que se um trabalhador perguntasse "por quê?" ao mesmo tempo em que observava as consequências de um problema, conseguiria descobrir uma solução específica para ele, em vez de qualquer outra baseada em dedução ou inferência. Isso, por sua vez, desenvolvia a capacidade de raciocínio do trabalhador, considerada um dos mais importantes ativos que qualquer trabalhador pode agregar a uma organização em que predomine o pensamento *lean*.

A fim de ajudar companhias ou organizações a incorporarem a metodologia do pensamento *lean* ao seu cenário individual, a Toyota introduziu o *sensei*, um professor, ou mestre, dos conceitos do pensamento *lean*. Esse indivíduo ensina e difunde os conceitos do pensamento *lean* e atua como assessor de organizações que estão substituindo seus processos pelo processo *lean*. Esse professor pode visitar a empresa de vez em quando ou atuar como consultor dos líderes e funcionários durante meses, dependendo das necessidades.

Tudo isso reforça a linha de argumentação da Toyota, segundo a qual o aprimoramento que o STP proporciona às pessoas é a maior força desse processo. No sistema empurrado, os trabalhadores produzem de acordo com as instruções a eles transmitidas e não têm oportunidade de extrair novos ensinamentos dessa experiência. Já um sistema puxado leva compulsoriamente os trabalhadores a buscarem continuamente formas e maneiras de aperfeiçoar o processo à medida que vão exercendo suas atividades. Trabalhar sob pressão para desenvolver novas formas de eliminar o desperdício e os defeitos é algo que não melhora apenas o fluxo, mas também os trabalhadores. Foi por isso que a cúpula executiva da Toyota passou a chamar o Sistema Toyota de Produção (Toyota Production System – TPS) de Sistema de Gente que Pensa (Thinking People System).

O *lean* chega aos Estados Unidos

Durante a década de 1980, muitos grandes conglomerados industriais dos Estados Unidos, entre os quais a Dell, a Boeing e a Pratt & Whitney, adotaram as práticas do pensamento *lean* e da produção enxuta (*lean*). Algumas organizações provedoras de serviços também tentaram incorporar o pensamento *lean*. A filosofia de estoques reduzidos do JIT pareceu especialmente atraente para organizações que buscavam reduzir custos de manutenção e armazenamento de estoques e manter mais equilibrados os ciclos altos e baixos da produção.

Atualmente, um número cada vez maior de organizações nos Estados Unidos e na América do Norte de modo geral examina com a maior atenção as vantagens de incorporar o pensamento *lean* às suas operações. Esse processo já tem um comprovado rol de sucessos em termos de melhoria do desempenho, da qualidade e segurança, redução de custos, delegação de poder às equipes e dinamização dos processos de trabalho. A sempre crescente globalização exige que as corporações norte-americanas avaliem e adotem todos os processos de negócios que lhes permitam florescer e competir com suas concorrentes de outros países.

O "guru" do lean *nos Estados Unidos*

Boa parte do crédito pela introdução da produção *lean* nos Estados Unidos cabe a James P. Womack, que, com Daniel T. Jones e Daniel Roos, escreveu, em 1990, um livro definitivo sobre o assunto, *The Machine That Changed the World*. Com base em um estudo de cinco anos do Massachusetts Institute of Technology (MIT) sobre o futuro do automóvel, este livro faz uma análise revolucionária da mudança internacional da produção em massa para a produção *lean*.

Womack e seus colegas conduziram um aprofundado estudo de técnicas específicas responsáveis pelo sucesso da indústria automobilística japonesa. *The Machine That Changed the World* descreve os antecedentes da produção *lean*, um sistema industrial que se traduz em um produto melhor, de melhor relação custo/eficiência, maior produtividade do trabalhador e maior fidelidade dos clientes. O livro de Womack descreve os resultados desse sistema: carros com dois terços a menos de defeitos, produzidos na metade do espaço físico e usando 50% menos de homens-hora.

Womack gosta de contar a história de como o *lean* ganhou esse nome. Na década de 1980, quando pesquisavam o Sistema Toyota, Womack e seus colegas tentavam encontrar uma denominação capaz de descrever fielmente o sistema usado pela empresa japonesa. Um desses pesquisadores, John Krafcik, sugeriu que, como o sistema usava menos de tudo para criar mais valor, só poderia ser chamado de *lean* (enxuto). O nome pegou, e o novo sistema de qualidade foi assim batizado.

Em 1996, Womack e Jones escreveram uma continuação daquele primeiro livro, explicando melhor o modo como a produção *lean* melhora o desempenho da qualidade, como vem sendo implementada em empresas, tanto de grande porte quanto nas pequenas, e como passou a ter um impacto global. *Lean Thinking: Banish Waste and Create Wealth in Your Corporation* define os cinco princípios do pensamento *lean* e mostra como a sua aplicação como sistema empresarial pode habilitar uma ampla gama de companhias a confrontar e superar os desafios do século XXI. Com base no modelo da Toyota, o sistema de Womack e Jones substitui o modelo de produção em massa do século XX e demonstra como criar valor real e duradouro em qualquer organização empresarial.

Percebendo que a mensagem do seu livro tornara-se ainda mais relevante em face da natureza caprichosa dos ciclos de negócios no final da década de 1990, Womack e Jones revisaram e relançaram a obra em 2003. No intervalo entre a publicação das duas edições, os autores começaram a perceber que o pensamento *lean* poderia ser bem mais do que um sistema de produção. Sua premissa de fazer mais com menos poderia ser aplicada na indústria de serviços. O objetivo de melhoria da qualidade interessava a todos os tipos de empreendimentos.

Em 2005, Womack e Jones publicaram *Lean Solutions: How Companies and Customers Can Create Value and Wealth Together*. Nesse livro, eles expandiram o conceito do *lean* para a satisfação do consumidor. A obra apresenta novos modelos que trazem correntes de provisões *lean* para as experiências dos consumidores.

Os cinco passos do *lean*

Entender os cinco passos do pensamento *lean* é o primeiro requisito para a implementação bem-sucedida dessa metodologia. As seções a seguir descrevem resumidamente os princípios do pensamento *lean* e os processos que constituem o arcabouço dessa metodologia. Uma discussão mais pormenorizada poderá ser encontrada no Capítulo 2 (Os cinco passos do pensamento *lean*).

1. Especificar o valor

O valor é o ponto de partida do pensamento *lean*. Quem especifica o valor é o cliente/paciente final. O valor é entendido com maior clareza sempre que estabelecido para um determinado produto ou serviço que supre as necessidades do paciente em um momento específico e por um preço especificado.

É fundamental para a metodologia do pensamento *lean* que o cliente primário ou, no caso de uma organização de assistência à saúde, o paciente, defina o valor e que o produtor crie valor. Essa distinção é crucial para o sucesso do pensamento *lean*, porque muitas vezes o criador do valor é também quem o define. Nesse caso, o produtor precisa vender o produto ao cliente, independentemente da vontade deste. O pensamento *lean* reverte esse passo, estabelecendo um ambiente focado no cliente.

2. Identificar a cadeia de valor

A cadeia de valor é o conjunto de todas as ações específicas indispensáveis para a produção de alguma coisa, desde sua criação (da forma indicada pelo cliente) à formatação final.

Identificar a cadeia de valor na sua integralidade é uma excelente oportunidade para detectar qualquer *muda* (desperdício) no processo. As atividades na cadeia de valor ou agregam valor ou agregam desperdício à elaboração de um produto ou serviço, ou não agregam valor, mas são, ainda assim, necessárias. Os clientes estão dispostos a pagar por atividades que agregam valor e até mesmo por atividades não agregadoras de valor que constituam passos inevitáveis do processo de produção, entre os quais destacamos a manutenção. Contudo, os clientes jamais estarão propensos a pagar pelo desperdício, ou seja, por atividades que não agregam qualquer valor ao produto ou serviço.

3. Fluxo

Assim que o cliente/paciente definir o valor e o produtor conseguir mapear a cadeia de valor e eliminar o desperdício, é chegado o momento dos próximos passos agregadores de valor fluírem. Em termos simples, fluir é elaborar um produto ou prover um serviço do começo ao fim num curso contínuo, sem demora ou interrupção, o que significa dizer sem desperdício.

4. Puxar

A implementação dos três primeiros passos do pensamento *lean* abre caminho para que o quarto passo, a produção puxada, concretize-se. Mapear a cadeia de valor e produzir o que os clientes/pacientes demandam, dentro dos prazos por eles desejados e em um fluxo contínuo, permite aos pacientes "puxar" o produto à medida de suas necessidades, em vez de ter o produto "empurrado" para eles dentro dos cronogramas dos produtores ou das organizações de assistência à saúde. O puxar, portanto, acomoda as mudanças conforme a demanda dos clientes.

5. Perfeição

O quinto passo, que é o da perfeição, não significa que implementar os primeiros quatro passos resulte automaticamente em perfeição. Em vez disso, esse passo tem mais a ver com o ato de "aperfeiçoar" o processo mediante uma avaliação ininterrupta e interminável. Em virtude da natureza dessa metodologia, não se trata de algo difícil de se concretizar. À medida que uma organização executa os passos do pensamento *lean*, a equipe começa a localizar cada vez mais desperdícios. O sistema inerentemente expõe desperdícios, falhas e barreiras, e, conforme os integrantes da equipe enfrentam esses impedimentos, eles começam a aperfeiçoar o processo.[2]

A implementação do pensamento *lean*

Implementar o pensamento *lean*, contudo, exige muito mais do que apenas o entendimento dos cinco passos do processo. Primeiro e acima de tudo, antes de aplicar quaisquer princípios do pensamento *lean* ao trabalho de uma organização, a liderança precisa estar plenamente comprometida com o patrocínio de tal medida. Como se explica no Capítulo 3, a participação dos líderes é fundamental para uma implementação bem-sucedida dos processos do pensamento *lean*. Os líderes precisam definir o destino e o tom, bem como providenciar os recursos indispensáveis para sustentar a mudança.

De maneira geral, os especialistas em pensamento *lean* recomendam que a implementação tenha início com uma análise do trabalho que está sendo realizado. Isso significa relacionar todos os passos exigidos para criar o valor de um produto/serviço específico, e então agrupar esses passos em três categorias:

1. Trabalho que cria valor, ou seja, os passos que agregam valor diretamente ao produto, tal como determinado pelo cliente.
2. Trabalho incidental, ou seja, as atividades necessárias à produção de um determinado item, mas que não lhe agregam valor.
3. Desperdício, ou seja, as atividades que não agregam valor ao produto e que podem e devem ser eliminadas.

Classificar o trabalho nessas três categorias constitui uma forma simples, mas eficaz de incorporar o pensamento *lean*. Os gerentes, entre eles os supervisores de equipes de enfermagem, devem ter consciência, no entanto, de que nos setores de serviços, entre eles o da assistência à saúde, essa análise nem sempre é precisamente definida. Muitos profissionais da enfermagem entendem que o resultado de cada um dos passos é imprevisível, e que há necessidade de mudar os processos para cada novo produto; portanto, eles não poderiam planejar seu trabalho. Em alguns casos, são necessárias mudanças criativas, mas na maioria das organizações os mesmos passos precisam ser percorridos todas as vezes de forma igual para que sejam obtidos os resultados pretendidos (agendar consultas de pacientes ou administrar medicamentos, por exemplo). Fazer um exame mais aprofundado dos processos existentes pode lançar um pouco de luz sobre essa confusão. Esses processos foram claramente definidos? Há processos de apoio em vigor, ou é pura perda de tempo procurar equipamentos ou suprimentos? Os gerentes estão gastando tempo demais na adoção de medidas corretivas, em vez de se dedicarem à identificação dos passos preventivos?

Quadro 1.1

Vocabulário *lean*

A relação a seguir é uma amostra resumida dos termos relativos ao processo *lean*, para referência durante uma visão geral da metodologia. Um glossário mais completo aparece no final deste livro.

Abordagem PDSA: "Planejar-Fazer-Estudar-Agir" *(Plan-Do-Study-Act)* ou ciclo de Shewhart, é uma abordagem contínua da melhoria de processos, desenvolvida em 1931 por Walter A. Shewhart, um estatístico da Western Electric, nos Estados Unidos. O PDSA é um ciclo para testar uma mudança no cenário de trabalho mediante seu planejamento, sua experimentação, a verificação dos resultados e a ação com base no que for aprendido durante esse período. A abordagem é também conhecida como *Plan-Do-Check-Act* (PDCA) ou planejar-fazer-verificar-agir,.

Custeio baseado em atividade: sistema de contabilidade gerencial que atribui custos a produtos/serviços com base no montante dos recursos usados para projetá-los e entregá-los.

Custo alvo: o custo que a produção de um produto/serviço não poderá exceder, para que o cliente fique satisfeito e o produtor obtenha um retorno aceitável sobre seu investimento.

Desdobramento da função qualidade *(QFD – quality function deployment)*: sistema de tomada de decisão que proporciona aos integrantes da equipe a padronização do trabalho, de tal forma que os procedimentos sejam os mesmos em todas as oportunidades.

Fluxo de uma só peça: processo durante o qual um produto/serviço avança, um de cada vez, ao longo do projeto, pedido e da produção, sem interrupções ou desperdícios.

Gestão visual (transparência): o estabelecimento de um sistema de controle visual que indica por inteiro o status do desempenho da produção, para que todos os participantes consigam facilmente verificar em tempo real o que está acontecendo.

Just-in-time (JIT): sistema de produção e entrega de produtos encomendados na quantidade pedida e no prazo fixado; é usado também para controle de estoques.

***Kaikaku*:** termo japonês que significa "melhoria radical"; é usado no pensamento *lean* para designar melhoria radical de uma atividade a fim de eliminar o desperdício.

***Kaizen*:** termo japonês que significa "melhoria incremental, contínua"; é usado no pensamento *lean* para designar melhorias, passo a passo, no andamento de uma atividade destinada a criar mais valor pela eliminação do desperdício.

***Kanban*:** termo japonês que significa "sinal" ou "quadro de sinais" em japonês; é um dispositivo sinalizador que autoriza e dá instruções para a produção ou para a retirada de itens em um sistema puxado.

***Muda*:** termo japonês que significa "desperdício"; é usado no pensamento *lean* para designar qualquer atividade que consome recursos, mas que não cria valor para o cliente.

Processo puxador: qualquer processo ao longo da cadeia de valor que determine o ritmo de toda a cadeia.

***Sensei*:** termo japonês que significa "professor pessoal com domínio de uma área ampla de conhecimentos".

***Takt*:** termo alemão que significa "batuta" (do maestro) ou ritmo. No pensamento *lean*, o tempo *takt* sincroniza o ciclo da produção com o ciclo da demanda dos clientes.

Tempo de ciclo: o tempo necessário para completar o ciclo de uma operação. Se o tempo de ciclo para cada operação em um processo é igual, os produtos podem ser finalizados em um fluxo único.

Cabe aqui uma palavra de advertência. Algumas organizações gostam de aplicar apenas alguns procedimentos do *lean* que, aparentemente, se adaptam às suas operações. As técnicas *lean*, no entanto, são mais eficazes quando usadas em um sistema exclusivamente *lean*. Na melhor das hipóteses, esse tipo de escolha acaba atrasando a implementação do *lean*; na pior das hipóteses, pode acabar com o processo.

Implementação passo a passo

1. Especificar o valor. Trata-se de um passo simples, porém fundamental. Determine os pacientes e defina o valor para um produto específico pelo ponto de vista do paciente. É exatamente o contrário daquilo que as organizações normalmente fazem, ou seja, definir valor para aquilo que elas, como provedoras, podem fazer e, então, induzir os pacientes a desejar aquilo que elas oferecem. Desenvolver um sistema focado no paciente é tão importante no pensamento *lean* que ignorar esse ponto torna difícil, senão impossível, a própria instalação de um sistema *lean*. Trata-se de parte tão integral da implementação do *lean* que está incorporado como parte das Expectativas de Implementação de Metas Nacionais de Segurança dos Pacientes da Joint Commission 2006. A meta nº 13 incentiva o envolvimento ativo dos pacientes e de suas famílias no seu próprio atendimento, como estratégia para a segurança dos pacientes (Ver o Apêndice B).
2. Identificar a cadeia de valor. A forma mais fácil de começar a defini-la é elaborar um mapa da situação atual e passar a examiná-lo em busca de desperdícios – atividades que adicionam tempo e dinheiro, mas não agregam nenhum valor ao paciente. A partir daí, projete uma situação para o futuro da cadeia de valor, sem desperdício. Para determinar se um determinado passo agrega valor ou desperdício, pergunte ao paciente se ele pagaria pela sua adoção.
3. Estabelecer o fluxo. Na recém projetada cadeia de valor enxuta, crie um sistema no qual os passos fluam com harmonia e em sequência ordenada. Detecte e elimine barreiras ou impedimentos e verifique o tempo de duração do processo.
4. Puxar. Deixe que os clientes puxem produtos em seus planos de tratamento. Revisite o passo nº 1, que determina que os clientes definam o valor a partir do seu ponto de vista; parte de sua perspectiva é receber o serviço sempre que precisarem dele.
5. Perfeição. Revise, revise, revise. Volte aos primeiros quatro passos, prestando atenção especial ao primeiro, e tente refinar o processo de implementação mediante redução ainda maior do desperdício, do tempo, do espaço, do custo e dos erros. Faça um esforço para transformar o produto/serviço em algo que esteja cada vez mais próximo daquilo que os clientes querem.

Muitos proponentes do pensamento *lean* consideram o chamado processo puxador como uma boa forma de começar a aplicação dos cinco passos. O processo puxador é qualquer processo dentre aqueles presentes na cadeia de valor que estabelece o passo para a cadeia inteira, mesmo estando situado mais abaixo na cadeia de valor. O processo puxador é o compasso determinador do ritmo; ele influencia o *lead time* (tempo de execução) da produção, bem como os níveis dos estoques. Se o processo puxador gera excesso ou escassez de um determinado tipo de produto, por exemplo, os processos subsequentes, ou mais acima na corrente, precisarão armazenar ou esperar pelo estoque. O processo puxador, portanto, é um ponto crucial para o pensamento *lean*.

Por exemplo, ao fazer o agendamento de um paciente para um procedimento de diagnóstico, é importante que o processo puxador esteja perto do começo da trajetória do paciente até o procedimento de teste. O controle desse ponto é que irá determinar todo o fluxo da jornada do paciente ao longo do procedimento e eliminar a necessidade de marcar e controlar pontos subsequentes no fluxo puxador. Neste caso, o item puxador pode ser identificado como o ponto em que um paciente completa o procedimento e o paciente seguinte é admitido à área de teste. Assim, controlar o ponto puxador no começo do processo ajuda a manter um *pool* constante de pacientes fluindo ao longo de um procedimento diagnóstico sem longas esperas e otimiza o uso dos equipamentos sem que se incorra em tempo ocioso.[3]

Da manufatura para a saúde e outros serviços

A renomeação, pela Toyota, do seu STP como "Sistema de Pessoas Pensantes" foi um passo significativo para a expansão do sistema e sua transformação num parâmetro global para o pensamento *lean*. Se o treinamento é a chave do sucesso da metodologia *lean*, então esse sistema de produção é mais do que um sistema de produção industrial.

Avaliar cada um dos cinco passos do pensamento *lean* pela perspectiva de um provedor de serviços, em substituição à perspectiva de um produtor industrial, pode proporcionar meios de aplicar os conceitos em situações de assistência à saúde. Por exemplo, um provedor de assistência à saúde pode redesenhar sua missão para adotar métodos do pensamento *lean* fazendo o seguinte:

- Tornando o paciente e sua segurança o foco (especificar o valor).
- Mapeando o conjunto de ações específicas que dará ao paciente o que ele deseja ou precisa quando essa necessidade se apresentar (identificar a cadeia de valor).
- Desempenhando o conjunto de ações do começo ao fim sem interrupções ou atrasos, e fazendo o paciente esperar entre cada um dos passos (fluxo).
- Permitindo que o paciente decida o momento de receber um serviço (puxar).
- Avaliando o serviço de forma contínua a fim de aperfeiçoar sua administração para atender as necesssidades do paciente e aprimorar a qualidade do desempenho (perfeição).

Essa é uma relação resumida e simplificada de sugestões para a conversão de um processo ao pensamento *lean*. O Capítulo 3 oferece mais detalhes sobre a aplicação dos cinco passos do *lean* na assistência à saúde.

Outros sistemas de qualidade

Por mais revolucionário e inovador que possa parecer, o pensamento *lean*, na verdade, usa muitas ferramentas de qualidade já conhecidas, mas de formas inéditas e inovadoras. A diferença pode estar na sua abordagem sistemática, que requer que a organização elimine continuadamente o desperdício e ao mesmo tempo incremente atividades que agregam valor, flexibilidade e, no final, satisfaça o cliente/paciente. Essa abordagem com sua flexibilidade intrínseca pode tolerar as necessidades em permanente mudança do cliente/paciente ao mesmo tempo em que satisfaz os requerimentos do local de trabalho.

Além dessa flexibilidade, o sistema de pensamento *lean* concretiza resultados rápidos e radicais. O cuidadoso pré-planejamento, especialmente no mapeamento da cadeia de valor de um produto/serviço, consegue proporcionar a melhoria em questão de dias – em vez de em semanas ou meses – sem que, para tanto, seja necessário fechar um departamento.

O pensamento *lean* também delega poder aos membros das equipes em todos os níveis, desde os gerentes seniores até os técnicos. Em consequência, organizações em processo de adotar o pensamento *lean* muitas vezes desenvolvem culturas de melhoria, em vez de apenas promover treinamentos ou programas de melhoria.

Um ponto importante a ser destacado a respeito do pensamento *lean* na assistência à saúde é que uma de suas premissas básicas é promover a segurança do paciente. A partir de uma perspectiva silogística, passos múltiplos em um processo podem multiplicar as chances de erros: o pensamento *lean*, em contraposição, reduz esses passos, e, portanto, reduz as oportunidades de se cometer erros.

A fim de entender o impacto do pensamento *lean* em uma organização, vale a pena examinar outros sistemas de qualidade. A seguir são apresentadas descrições resumidas dos sistemas mais comuns de melhoria de desempenho, dentre os quais a gestão de qualidade total (TQM), a melhoria contínua da qualidade (CQI), o Planejar-Fazer-Estudar-Agir (PDSA – às vezes citado como Planejar-Fazer-Verificar-Agir, ou PDCA), a teoria das restrições (TOC), o ISO 9001 e o six sigma.

TQM

A Gestão de Qualidade Total (*Total Quality Management* – TQM), criada por W. Edwards Deming na década de 1950, é uma filosofia organizacional que envolve todas as funções de uma organização em atividades de melhoria de desempenho. A TQM enfatiza o foco no cliente, o envolvimento dos empregados, o aperfeiçoamento contínuo e a mensuração estatística das atividades correntes. Um dos destaques da TQM é a exigência de que todos os membros de uma organização participem do aperfeiçoamento de processos, produtos, serviços e da cultura com os quais trabalham.

A TQM é um termo cunhado pelo Comando dos Sistemas Aeronavais dos Estados Unidos para descrever sua abordagem ao estilo japonês de melhoria da qualidade. A TQM defende um programa de permanente análise organizacional interna, fazendo seu *benchmark* com os de outros concorrentes, e a mensuração de processos estatísticos em todas as áreas.[4]

CQI

A Melhoria Contínua da Qualidade (*Continuous Quality Improvement – CQI)*, adaptada dos princípios da TQM, é um método de avaliação composto por exames de estrutura, processos e resultados, que se concentra em esforços de melhoria para identificar as causas-raiz dos problemas, em intervenção para reduzir ou eliminar essas causas e em ação para corrigir o processo.

Implementada por inúmeras organizações em meados da década de 1990, a CQI tem por base três princípios: foco no cliente – tanto interno quanto externo –, estudo dos processos de trabalho e tomada de decisões com base em informações. Esse processo de melhoria da qualidade depende também de lideranças sólidas em todos os níveis a fim de articular uma visão, inspirar o comprometimento e estimular o trabalho de equipe que incentive o pessoal a contribuir com resultados baseados em um entendimento comum dos sistemas e processos.

PDSA ou PDCA

Um dos métodos mais utilizados para a melhoria do desempenho da qualidade é o ciclo planejar-fazer-estudar-agir (*plan-do-study-act* - PDSA), também conhecido como ciclo Shewhart ou Deming. Os quatro passos que o compõem são:

1. Planejar: identificar uma necessidade ou problema, e planejar mudanças.
2. Fazer: fazer a mudança, geralmente em pequena escala.
3. Estudar ou verificar: coletar dados para avaliar os resultados da mudança e verificar se ela realmente levou a uma melhoria.
4. Agir: implementar mudanças bem-sucedidas em larga escala e avaliar continuadamente os resultados; se as mudanças não produzirem melhorias, repetir o ciclo.[5]

Esse método também é chamado de planejar-fazer-verificar-agir (ou *plan-do-check-act* - PDCA).

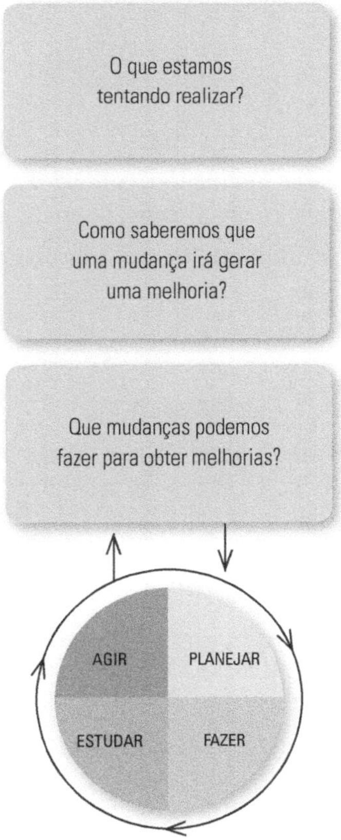

Figura 1.1 Diagrama de um ciclo planejar-fazer-estudar-agir (PDSA). O ciclo PDSA é a segunda das duas partes de um modelo de melhoria. As três perguntas fundamentais mostradas aqui são seguidas pelo ciclo PDSA e podem ser usadas para testar e implementar uma mudança num cenário de trabalho real. Ele orienta o teste para determinar se a mudança realmente levará a uma melhoria.

Fonte: Gerald J. Langley, Kevin M. Nolan, Clifford L. Norman, Lloyd P. Provost, Thomas W. Nolan, *The Improvement Guide: A Practical Approach to Enhancing Organizational Performance* (Jossey-Bass Business and Management Series), 1996. Reproduzido com permissão de John Wiley & Sons, Inc., e com permissão do Institute for Healthcare Improvement, Cambridge, MA. O ciclo Planejar-Fazer-Estudar-Agir foi desenvolvido por W. Edwards Deming. *(The New Economics for Industry, Government, Education).*

TOC

A Teoria das Restrições, também chamada de Gestão das Restrições, é um sistema de melhoria baseado na teoria de que um sistema com um objetivo único é composto por atividades múltiplas interligadas, uma das quais age como restrição ou contenção, em relação ao sistema integral. Em termos mais simples, a palavra gargalo pode ser substituída por restrição.

Desenvolvida por Eliyahu Goldratt, a TOC é uma abordagem de gestão voltada a identificar e eliminar os gargalos que limitam a capacidade das organizações de chegar a um alto nível de cumprimento de suas metas. Essa teoria enfatiza métodos para aumentar a produção, reduzir as despesas operacionais e os estoques, sincronizar o ritmo de produção de atividades interligadas, identificar problemas e propor alternativas, e garantir a continuidade da operação ao driblar ou eliminar a restrição. O desempenho é medido calculando-se o tempo total necessário para entregar o produto/serviço ao cliente (*throughput time*) e as despesas com a estocagem e a operação.[6]

Como a metodologia do pensamento *lean*, a TOC também depende de cinco passos:

1. Identificar o problema-raiz.
2. Explorar o problema, isto é, usar o problema de maneira a extrair dele os maiores benefícios, sem grandes mudanças ou *upgrades*.
3. Subordinar os processos precedentes no fluxo.
4. Elevar o problema ao ponto de se justificarem grandes aperfeiçoamentos, ou seja, adotar quaisquer ações necessárias para eliminar o problema.
5. Repetir o processo de melhoria na sua íntegra mediante a busca de novo problema ou restrição, concentrando-se neste.[7]

A Tabela 1.1 compara a TOC com o pensamento *lean*.

Tabela 1.1

Teoria das Restrições versus pensamento *lean*

	Teoria das Restrições	Pensamento *lean*
Meta	Aumentar os lucros pelo aumento do ritmo	Aumentar os lucros agregando valor conforme a perspectiva do cliente
Medidas	• Produção (*throughput*) • Estoque	• Custo • *Lead time* (tempo de execução)
O que mudar?	Restrições: os "elos mais frágeis" no sistema	Eliminar o desperdício e agregar valor levando em consideração a totalidade do sistema
Como implementar a mudança?	Processo contínuo de cinco passos destacando o agir localmente	Processo contínuo de cinco passos enfatizando o *pensar* globalmente
Prazos	Ambos podem atingir resultados imediatos, mas requerem esforços de longo prazo (cerca de cinco anos) para a sustentação desses resultados.	

Fonte: Lean Enterprise Institute. Utilizado com permissão.

ISO 9001

O *ISO 9001* é um conjunto internacional de padrões que proporciona orientação de qualidade gerencial e identifica os elementos do sistema de qualidade que são necessários para a garantia da qualidade.

Publicado pela International Organization for Standardization (ISO), o programa ISO 9001 é reconhecido como a garantia de que produtos e serviços atingem consistentemente padrões uniformes de qualidade. É importante lembrar, porém, que o ISO 9001 não regula a qualidade; ele apenas garante que o controle de qualidade e os procedimentos de divulgação são formalizados e preenchem os padrões ISO 9001.

As organizações aderem aos padrões ISO 9001 requisitando a certificação ISO 9001 em procedimentos da companhia para inspeção de processos, atualização de registros, manutenção de instalações e equipamentos, treinamento de empregados e gerenciamento das relações com o consumidor.[8]

Six sigma

Desenvolvido pela Motorola e adotado pela General Electric, o *six sigma* é um programa de mensuração e melhoria da qualidade que tem como objetivo aumentar a capacidade dos processos empresariais. O aumento na melhoria do desempenho e a redução na variação dos processos levam à redução dos defeitos e, posteriormente, à melhoria nos lucros, no moral dos funcionários e na qualidade dos produtos.

Sigma é a letra grega usada para denotar desvio padrão. *Six sigma* significa seis desvios padrão da média ou da moda. Em termos de mensurações de qualidade, o termo indica que as falhas são no mínimo seis desvios-padrão da média, ou valor médio. Isto equivale a 3,4 falhas por milhão de oportunidades para falhas. Portanto, o *six sigma* tem por objetivo uma produção 99,9997% livre de defeitos.

O método tem como foco a produção de alta qualidade e depende de dados estatísticos para medir o sucesso. O *six sigma* concretiza suas metas por meio de projetos de melhoria, que aplicam dois métodos de aperfeiçoamento: definir, medir, analisar, melhorar, controlar (DMAIC, na sigla em inglês), e definir, medir, analisar, projetar, verificar (DMADV, idem). O processo DMAIC é um sistema de melhoria para processos existentes que não estejam cumprindo as especificações e, portanto, que necessitam de aperfeiçoamento. O DMADV é um sistema para desenvolver novos produtos ou programas de acordo com as especificações do *six sigma*.

Históricos de casos mostram que a implementação dos métodos *six sigma* economizou, para as empresas envolvidas, mais de US$ 200 mil por projeto, e permitiu que empregados treinados completassem de quatro a seis projetos de melhoria de desempenho por ano. Além disso, o foco em dados estatísticos e nas verificações é especialmente relevante para os programas de melhoria de desempenho em cenários de assistência à saúde pelo fato de proporcionarem métodos mais intuitivos de melhorias.[9]

Determinados princípios são comuns a muitos desses sistemas de qualidade, alguns dos quais serão discutidos mais adiante neste livro:

- Foco em sistemas e nos seus processos componentes, incluindo métodos para analisar processos.
- Análises orientadas por dados, incluindo métodos para medir processos e resultados
- Redesenho de processos para o respectivo aperfeiçoamento contínuo.

- Envolvimento dos proprietários de processos na análise e no redesenho (às vezes chamado de "delegação de poder").
- Comprometimento, incentivo e ação por parte das lideranças para proporcionar o redesenho.
- Redesenho de processos com o objetivo de satisfazer as necessidades dos clientes por meio da redução de variações, desperdício e erros.

Como a metodologia do pensamento *lean*, cada um dos seis sistemas de qualidade recém-descritos dá ênfase especial a pelo menos um desses objetivos. Cada um deles também emprega métodos de análise, mensuração e resedesenho voltados para maximizar a concretização desses objetivos. Na maioria das vezes, as organizações desejam concretizar todos esses objetivos. Quando surge um conflito entre tais objetivos, a organização busca o equilíbrio ideal entre eles, em vez de se dedicar a maximizar apenas um deles. O desejo de alcançar todos os objetivos levou à combinação de sistemas de qualidade. Um exemplo disso é o do lean *six sigma.* (Quadro 1.2).

Quadro 1.2
Um híbrido de qualidade: *lean* e *six sigma*

Com a fartura de métodos de melhoria de desempenho atualmente disponíveis, as organizações, tanto de produção industrial quanto de serviços de assistência à saúde, enfrentam dificuldades para selecionar o mais apropriado para suas necessidades. Muitas empresas, ao concluírem que uma combinação de métodos pode ser a melhor escolha, reconhecem que o pensamento *lean* e o *six sigma* funcionam bem em conjunto para proporcionar rápida melhoria de produtos/serviços.

Com isso, nasce um híbrido. O *lean* tem como objetivo maior o desperdício zero; o six sigma visa ao defeito zero. O *lean* incentiva a melhoria como o produto final de um amplo processo horizontal dirigido por uma equipe detentora de poder em todos os níveis, desde a administração até os funcionários da linha de frente das operações. O *six sigma* emprega análise estatística e disciplina analítica para identificar causas-raiz de problemas e incorporar estratégias de melhoria. Em conjunto, as ferramentas de cada um desses sistemas maximizam os resultados da melhoria.

Um benefício adicional é o fato de que os métodos se superpõem. Os esforços do *lean* para eliminar o desperdício contribuem com a necessidade do *six sigma* de reduzir as variações. Além disso, da mesma forma que o *six sigma* batalha pelo defeito zero, o *lean* busca a prevenção de erros. A redução das variações e o defeito zero afetam também a cadeia de valor do *lean*. Isso ocorre porque o mapeamento da cadeia de valor pode ser mais preciso, com seu fluxo mais estável, se as variações forem reduzidas.

Há, inclusive, especialistas em melhoria do desempenho, para os quais a combinação entre *lean* e *six sigma* constrói um sistema de melhoria mais equilibrado que o uso de um desses métodos isolado.[1] No entanto, um componente unificador é sempre indispensável para tornar essa combinação realmente efetiva, e muitos acreditam que a mudança cultural incentivada pela liderança *lean* proporciona a estabilidade necessária para fazer com que o híbrido funcione.

Talvez a cultura da mudança exigida pela implementação do pensamento *lean* intensifique as vantagens da metodologia científica do *six sigma*. Ao mesmo tempo, o objetivo do defeito zero e as mensurações analíticas do *six sigma* contribuem positivamente para o gerenciamento dos passos do processo do pensamento *lean*. Assim, a combinação dos dois métodos tem como resultado uma metodologia de melhoria de processo que, sob as circunstâncias ideais, pode se mostrar mais eficaz do que qualquer um dos respectivos métodos aplicado isoladamente.[2]

Referências

1. Mullenhour P., Flinchbaugh J.: *Bringing lean systems thinking to six sigma. Quality Digest 25:38-41, mar. 2005.*
2. Sunyog M.: *Lean management and six-sigma yeld big gains in hospital's immediate response laboratory. Clean Leadersh Manag Rev 18:255-258,* set/out 2004.

Referências

1. Toyota Motor Manufacturing, Kentucky, Ind.: *Some Historical Background*, 2004. http://www.toyotageorgetown.com/history.asp.
2. Womack J.P., Jones D.T.: *Lean Thinking. Banish Waste and Create Wealth in Your Corporation*, 1ª ed. Free Press, revista e atualizada. Nova York: Free Press, 2003. Edição original, Nova York, Simon & Schuster, 1996.
3. National Primary and Care Trust Development Programme: *Lean Processes*. 2/jun/2003. http://www.natpact.
4. American Society for Quality: *Total Quality Management*. http://www.asq.org/learn-about-quality/total-quality-management/overview/overview.hmtl.
5. American Society for Quality: *Deming Cycle or Shewhart Cycle*. http://www.asq.org.
6. QMI Solutions: *What Is the Theory of Constraints, and How Does It Compare to Lean Thinking*? http://www.qmisolutions.com.au/article.asp?aid=52.
7. Nave D.: *How to compare six sigma, lean, and the theory of constraints. A framework for choosing what's best for your organization. Quality Progress* 35:73-78, mar. 2002.
8. Praxiom Research Group: *ISO 9001 2000 Translated into Plain English*. Atualizado em 16/04/2005. http://www.praxiom.com/iso-9001.htm.
9. iSixSigma LLC: *Six Sigma – What Is Six Sigma?*. http://www.isixsigma.com/sixsigma/six_sigma.asp.

2 Os cinco passos do pensamento *lean*

James Womack e Daniel Jones explicam, no livro *Lean Thinking: Banish Waste and Create Wealth in Your Corporation*, que o "pensamento *lean* é enxuto porque proporciona uma forma de fazer cada vez mais com cada vez menos - menos erros humanos, menos equipamentos, menos tempo e menos espaço -, chegando sempre mais perto de fornecer aos clientes exatamente aquilo que eles desejam". [1]

Um subproduto fundamental do processo do pensamento *lean* é a eliminação do desperdício, definido como sendo qualquer atividade que utiliza recursos, mas não cria valor. A característica marcante da metodologia do pensamento *lean* é a contínua eliminação do desperdício ao longo de toda a cadeia de valor, que é o conjunto de ações específicas necessárias para dar forma a um determinado produto ou serviço, desde sua invenção até a conclusão. O resultado disso é uma série de processos que requerem poucos recursos para criar um produto ou serviço que se mostre menos dispendioso e apresente cada vez menos problemas. As organizações, portanto, ficam assim capacitadas a reagir mais rapidamente, e com maior eficiência, às necessidades sempre presentes, e em constante variação, dos clientes.

Entender os cinco passos do pensamento *lean* é fundamental para o sucesso na implementação dessa metodologia. As seções a seguir descrevem os princípios e processos que constituem o arcabouço dessa metodologia (Ver também o "Mapa do caminho *lean*", na Fig. 2.1). Além disso, cada seção inclui uma descrição da forma como uma organização de assistência à saúde, o Virginia Mason Medical Center (VMMC), de Seattle (EUA), adapta os passos do pensamento *lean* à sua operação. A organização trabalha dentro das especificações do Sistema de Produção Virginia Mason.

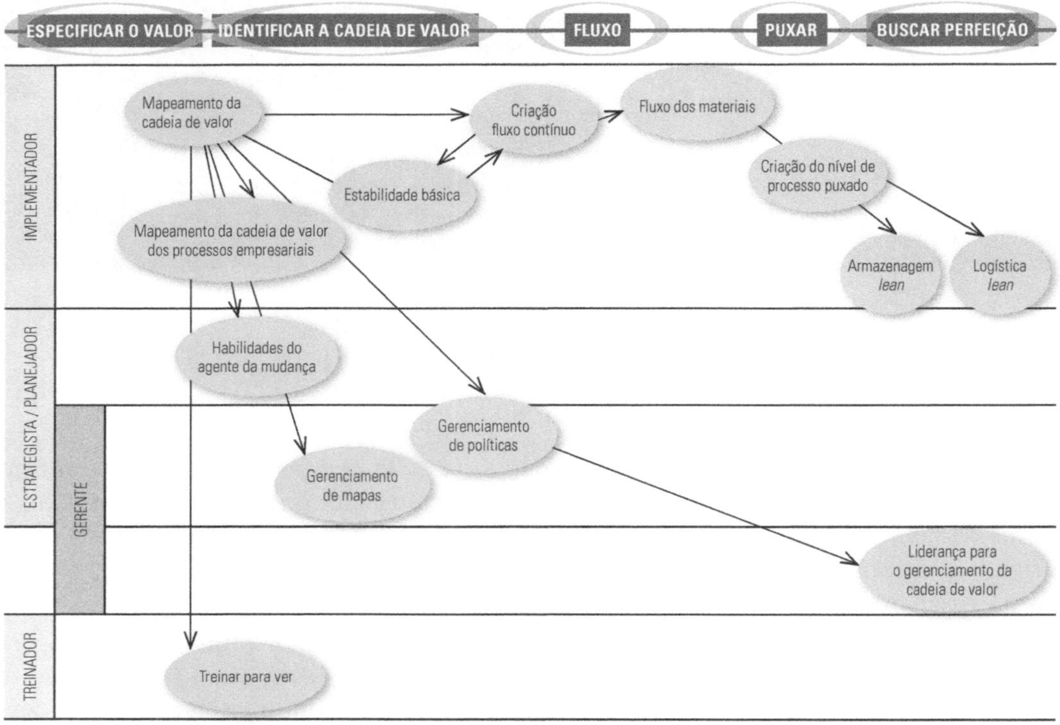

Figura 2.1 Mapa do caminho *lean*. Este "mapa do caminho" genérico aparece no *site* do Lean Enterprise Institute (http://www.lean.org/Events/LeanRoadMap.cfm). Ele pode ser usado por qualquer organização como um guia flexível para customizar um programa de treinamento que combine com a situação enfrentada. Na parte superior da figura estão os cinco passos da transformação *lean*. Do lado esquerdo estão os papéis que os indivíduos desempenham na transformação.

Fonte: Lean Enterprise Institute. Reproduzido com permissão.

Passo 1: Especificar o valor

O valor de um produto ou serviço deve ser definido pela perspectiva do usuário final, o cliente. Na realidade, uma empresa, qualquer que seja, existe apenas para servir ao cliente. Portanto, na condição de produtor, a organização *lean* batalha para entender os clientes. Quem são eles? Quais as suas necessidades? Como gostariam que elas fossem satisfeitas? Quando querem que sejam satisfeitas? Em outras palavras, especificar valor significa colocar no mercado um produto/serviço específico que satisfaça as necessidades dos clientes num determinado momento e a um certo preço.

Da mesma forma que os clientes definem valor, os produtores criam valor. Do ponto de vista dos clientes, é para isso que as empresas existem: para transformar em realidade um produto/serviço que satisfaça as necessidades do consumidor. E é exatamente nesse ponto que muitos negócios fracassam. Inúmeras empresas enfatizam a perspectiva do resultado financeiro enraizada na convicção dos seus gerentes, ou as necessidades imediatas dos acionistas, em vez de terem como alvo a especificação e criação de valor para o cliente.

Este primeiro passo da metodologia do pensamento *lean* também promove a flexibilidade nos mercados. O valor que os clientes atribuem a cada produto/serviço está em constante mutação. Empresas que ignoram essas mudanças estão fadadas ao fracasso. Isso ocorre, em parte, porque no atual mercado globalizado de concorrência cada vez mais acirrada, o produtor deixou de ser quem determina o preço de um produto. No contexto da indústria manufatureira, os clientes agora definem o preço de mercado – de um serviço específico que satisfaça as suas necessidades. A menos que uma organização de assistência à saúde permaneça focada nas necessidades de seus pacientes e proporcione o *input* crítico para determinar quais componentes devem ser incluídos ao serviço, ela abdica da sua cadeia de valor.

Um modo de definir o valor pode ser como o conjunto de elementos do produto/serviço pelos quais o cliente está disposto a pagar.

O VMMC exalta "o paciente em primeiro lugar" como base desses processos. Essa organização enfatiza a segurança do paciente e seu conhecimento dos resultados a serem esperados do atendimento à saúde. Os pacientes estão sempre recebendo informações que podem ajudá-los a entender suas opções e sendo incentivados a participar do cuidado com sua própria saúde.

Passo 2: Identificar a cadeia de valor

A cadeia de valor é constituída pelo conjunto de todas as ações específicas necessárias para a elaboração de um determinado produto/serviço do começo ao fim. Pode ser útil pensar em cadeia de valor como outro termo para processo; cadeia de valor e processo significam, ambos, a sequência de passos necessária para criar incrementos de valor.

A cadeia de valor incorpora as três tarefas de gerenciamento fundamentais para qualquer organização, inclusive as de assistência à saúde:

1. Resolução de problemas: abrange o conceito de produto/serviço desde o projeto e a engenharia detalhada até o seu lançamento.
2. Gerenciamento de informações: vai desde a recepção do pedido até a programação da produção e da entrega de seus componentes.
3. Transformação física: vai do estágio de matéria-prima até o de produto acabado.

Identificar a totalidade da cadeia de valor para cada produto/serviço é um passo importante no pensamento *lean*, pois ele irá revelar os tipos de trabalho que devem ser realizados ao longo dessa cadeia.

No VMMC, inúmeras áreas contam com um mapa de cadeia de valor de alto nível e um diagrama de fluxo dos processos. Eles são determinados e revisados regularmente por eventos *kaizen* (de melhoria contínua), chamados Workshops de Melhoria Rápida dos Processos (RPIWs, sigla em inglês para Rapid Process Improvement Workshop), a fim de localizar áreas que necessitam de melhorias.

Tipos de trabalho

A seguir estão listados os três tipos de trabalho realizados durante a etapa de fabricação/elaboração de um produto/serviço:

1. Atividades de valor agregado que contribuem para definir valor: o que o cliente pode pagar, por exemplo, pela realização de um determinado serviço.

2. Atividades que não agregam valor, mas que são necessárias: aquelas pelas quais o cliente não se dispõe a pagar, apesar de entender que fazem parte do processo de produção, tais como inspeção e manutenção.
3. Atividades que consomem recursos sem criar valor, e que são imediatamente identificadas como desperdício: aquelas pelas quais o cliente não está disposto a pagar, e, na verdade, deseja que sejam eliminadas.

Desperdício

Identificar e eliminar o desperdício é parte vital da análise da cadeia de valor, e uma das formas mais efetivas de aumentar os lucros de qualquer empreendimento. Processos ou atividades, na cadeia de valor, ou agregam valor ou desperdício à produção de um produto ou serviço. Reconhecer o desperdício e desenvolver formas de eliminá-lo são essenciais na metodologia do pensamento *lean*.

Embora produtos/serviços variem de uma empresa para outra, os desperdícios mais comuns encontrados em qualquer ambiente de trabalho são similares e normalmente se enquadram em uma das sete categorias de desperdício. A ferramenta dos "sete desperdícios" foi desenvolvida originalmente pela Toyota, no Japão, a fim de classificar *muda*, ou "desperdício" em japonês. Em resumo, os sete desperdícios são:

1. Superprodução (leva a todos os outros desperdícios)
2. Espera
3. Transporte
4. Excesso de processamento
5. Estoques desnecessários
6. Movimentação
7. Defeitos

Womack e Jones, em geral considerados os introdutores da metodologia do pensamento *lean* nos Estados Unidos, acrescentaram a essa relação um oitavo desperdício: bens e serviços que não satisfazem as necessidades do cliente. Para mais detalhes sobre esse desperdício, leia o Capítulo 3.

Como é possível que tamanho desperdício passe despercebido quando a administração se mostra permanentemente empenhada em melhorar a produtividade e o desempenho? Uma das razões principais é que as partes envolvidas numa cadeia de valor normalmente não têm conhecimento mútuo das respectivas atividades. Uma cadeia de valor que é dependente de fornecedores ou recursos externos só será eficiente se todas as empresas envolvidas no processo prestarem atenção, simultaneamente, à cadeia de valor total para esse produto, inclusive à influência que suas atividades internas têm sobre outros participantes da cadeia de valor. Desta forma, o pensamento *lean* precisa se estender para além de uma empresa individual e cuidar do conjunto de atividades associadas à produção de um determinado produto/serviço. A única forma de a cadeia de valor ser útil é todos os envolvidos nela trabalharem continuamente para identificar e acabar com o desperdício ao longo da jornada.

Durante o passo da cadeia de valor, uma empresa pode começar a entender como as atividades com e sem valor agregado afetam a produção durante a sua movimentação ao longo da cadeia de valor. Além disso, também é possível perceber como tantos passos desnecessários não apenas não criam valor algum como, na verdade, geram desperdício. Contudo, para que o conceito da cadeia de valor possa fazer parte do processo de produção, todas as partes envolvidas precisam participar dele.

O VMMC busca continuamente maneiras de eliminar o desperdício. Por exemplo, um RPIW (*Evento Kaizen*) analisou a realização das tomografias computadorizadas (TC). Os técnicos de radiologia de TC estavam levantando informações sobre os pacientes e preparando-os na mesa de exame. Os participantes do RPIW determinaram que o pessoal de apoio ficaria encarregado da coleta de informações e da preparação dos pacientes, o que pouparia tempo e proporcionaria uma utilização mais apropriada e eficiente dos equipamentos e do pessoal técnico, ao agregar maior capacidade e agilidade para que o equipamento estivesse disponível quando o próximo paciente necessitasse dele. Os resultados gerais desta e de outras mudanças similares foram positivos; as margens de operação do VMMC subiram para 4% em 2003, quando a média de outros hospitais ficou entre 1 e 2%.[2]

Passo 3: Fluxo

O fluxo é definido como a elaboração de um produto/serviço, do começo ao fim, sem interrupção ou demora desnecessária, ou seja, sem desperdício. No atendimento à saúde, o cliente, ou seja, o paciente é parte do processo do fluxo de produção, porque é para ele que se está desenvolvendo o processo.

A meta deste passo é garantir que o trabalho flua sem percalços de um estágio ao seguinte, um item de cada vez, o que aumenta a flexibilidade e reduz quaisquer movimentos, esperas e defeitos evitáveis. Se acrescentarmos apenas valor – e não o desperdício – a um produto/serviço, ele deverá ser agregado da forma mais eficiente possível. Se isso não acontecer, inevitavelmente o desperdício irá se acumular na forma de estoques adicionais, custos de transporte, movimentação sem sentido ou outros passos imprevistos.

O conceito do fluxo num ambiente de pensamento *lean* pode ser de difícil entendimento. O fluxo é o contrário da forma mais comum de processar um produto/serviço, mais precisamente, o sistema de lotes e filas. O fluxo é horizontal; o sistema de lotes e filas é vertical. Este último requer que as atividades sejam agrupadas por tipos ou funções, e comandadas por departamentos isolados de maneira que o trabalho possa ser feito em lotes, que são, aparentemente, mais eficientes. Os lotes muitas vezes significam processar coisas iguais e então avançar para o departamento ou função seguinte. Por exemplo, parece mais produtivo pintar todas as partes amarelas de uma vez, depois pintar as peças cor de laranja, e assim por diante. A verdade, no entanto, é que o processo dos lotes resulta em gargalos, já que o produto tem que ficar esperando o departamento fazer a mudança para seguir para a próxima etapa.

O passo do fluxo, conforme o pensamento *lean,* desencoraja a divisão em lotes, porque uma função pode ser normalmente realizada com maior eficiência quando o produto/serviço é processado continuadamente do começo ao fim.[1] A ideia é ter o produto e as necessidades dos clientes como foco, em vez de se concentrar nas exigências da organização ou do equipamento, garantindo, assim, que todas as atividades necessárias para projetar e produzir um bem fluam em uma linha contínua.

Atingir uma abordagem *lean* do fluxo requer equipes dedicadas exclusivamente ao produto, o que constituiu um avanço muito acentuado em relação ao antigo procedimento dos departamentos que funcionavam em uma hierarquia vertical.

Um bom exemplo da implementação do fluxo em uma organização de saúde é o novo St. Joseph's Hospital, em West Bend (EUA). Os planejadores decidiram muito cedo projetar as unidades de atendimento aos pacientes de maneira a sustentar um fluxo contínuo – ir até o paciente, prestar-lhe o devido atendimento, tratar dele, mapear o atendimento prestado e então passar a cuidar do paciente seguinte – em vez de ficar no tradicional processamento em lotes – tratar de vários pacientes ao mesmo tempo, distribuir medicamentos a vários pacientes em sequência, rotular tubos com amostras em um lote antes de examiná-las, e então, no final do plantão, mapear tudo o que se fez. A disposição física das unidades, a localização e o *design* dos equipamentos, e a disponibilidade de suprimentos e prontuários de pacientes foram projetados para dar sustentação a um fluxo contínuo. Essa abordagem não é apenas mais segura, como também mais eficiente. Além disso, este atendimento diferenciado ao paciente leva menos tempo que a utilização do método tradicional de lotes.

Técnicas do fluxo

Depois de definido o valor e identificada a cadeia de valor, a primeira tarefa é concentrar-se no produto real – o projeto e o produto ou serviço propriamente ditos. A segunda tarefa, que poderia ser talvez o primeiro passo, e que certamente torna o primeiro passo possível, é esquecer as formas tradicionais de realizar uma tarefa por departamentos, funções ou lotes. A terceira e última tarefa é a de reavaliar as práticas de trabalho e os equipamentos para eliminar gargalos, defeitos e qualquer outro desperdício, para que o trabalho possa continuar a ser realizado com continuidade. Para que sejam eficientes, é essencial que esses três passos sejam feitos em conjunto.

Padronização

Os membros das equipes de produto/serviço devem possuir todas as habilidades requeridas para fazerem especificação de valor, projeto, engenharia, compra, almoxarifado e planejamento de produção a curto prazo usando um sistema de decisão chamado *quality function deployment* (QFD). Esse sistema habilita os integrantes da equipe a padronizar os processos de trabalho para que todas as equipes organizacionais sigam o mesmo procedimento em todas as ocasiões. A padronização dos processos de trabalho também permite uma mensuração acurada do tempo e melhorias uniformes no projeto, porque todas as equipes de uma organização seguem o mesmo procedimento. Uma equipe que padroniza o trabalho tende a facilitar o avanço contínuo do fluxo do produto/serviço, desde o projeto até a etapa da produção.

A padronização na assistência à saúde é complicada pelo fato de que o *input* do processo, isto é, o paciente, é variável. Cada paciente tem necessidades diferentes, e o cuidado precisa ser individualizado. Isso significa que materiais e processos não podem ser padronizados; a padronização precisa ser mais flexível que no caso da indústria manufatureira, sem restrições definidas. As diretrizes da prática clínica são exemplos de padronização no processo de atendimento à saúde que levam em conta as necessidades variáveis dos pacientes.

Tempo takt (tempo disponível para a produção dividido pela demanda do cliente/paciente)

Implementar a abordagem *lean* é algo que também requer atenção ao tempo em cada passo do fluxo. A metodologia do pensamento *lean* adotou o conceito do tempo *takt*. *Takt* é um termo alemão para "batuta" (de maestro), "equilíbrio" ou "ritmo". No contexto do pensamento *lean*, o tempo *takt* sincroniza a taxa de produção com a taxa de vendas ao consumidor. Em outras palavras, o tempo *takt* estabelece a "batuta" ou "equilíbrio" de produção para poder se igualar ao ritmo da demanda dos clientes.

Em um cenário de assistência à saúde, uma catástrofe de grandes proporções, por exemplo, um acidente ferroviário, pode requerer uma maneira diferente de calcular o tempo *takt*. Nessa situação, o tempo *takt* não estaria baseado em dias de uma semana, mas em minutos de um dia. Além disso, a triagem – a atribuição de prioridades de tratamento conforme a urgência ou possibilidade de sobrevivência – e a chegada de pacientes em lotes poderiam ditar a necessidade de sincronizar o ritmo do tratamento para equivaler ao número de pacientes que necessitam de cuidados de emergência. Em outras palavras, é importante calcular o tempo *takt* em relação à demanda em um determinado momento, porque ele ajuda o pessoal envolvido a entender os recursos (trabalhadores) exigidos para satisfazer a essa demanda.

Os passos do cálculo do tempo *takt* são mostrados no Quadro 2.1.

Balanceamento do trabalho

O balanceamento do trabalho é igualmente importante. O tempo *takt* e a padronização são elementos essenciais para alcançar o primeiro objetivo: satisfazer as necessidades dos clientes. No entanto, a menos que o trabalho seja balanceado, isto é, distribuído adequadamente durante o fluxo do processo, o trabalho não se traduz em um fluxo contínuo, introduzindo, assim, o desperdício e causando impacto nas necessidades do cliente.

Sem balanceamento, a qualquer momento algumas pessoas ficarão sobrecarregadas de trabalho, enquanto outras estarão sendo subutilizadas e outras manterão uma carga balanceada. A equipe precisa introduzir o balanceamento do trabalho para reduzir a possibilidade de ocorrência de gargalos e também para satisfazer as necessidades mais recentes do cliente, mesmo durante uma emergência em larga escala.

Quadro 2.1

Calculando o tempo *takt*

A incorporação do tempo *takt* ao fluxo de cada produto/serviço proporciona um cronograma para a programação e permite que a equipe avalie se está ou não satisfazendo as necessidades do cliente. Veja abaixo um cálculo simples de tempo *takt*.

Tempo *takt* = tempo de produção disponível/demanda do cliente

Tempo de produção disponível	=	8 h x 60 min por dia
	=	480 min – almoço
	=	480 – 30
	=	450 min por dia
Demanda do cliente	=	60 componentes por semana (5 dias por semana)
	=	60/5
	=	12 componentes por dia
Tempo *takt*	=	450/12
	=	37,5 min

Para satisfazer a demanda do cliente, a equipe pode gastar 37,5 minutos em cada componente.

Controle visual

Para que o passo do fluxo tenha resultado, outra técnica *lean*, a do controle visual (ou transparência), é igualmente fundamental. Publicar o tempo *takt* num lugar centralizado, claramente visível, permite que todos identifiquem em que ponto se encontra a produção em qualquer determinado momento, e, com isso, possam fazer os ajustes necessários se o fluxo não estiver se desenvolvendo de acordo com o planejamento.

O objetivo do controle visual – seja ele feito por murais ou outros tipos de cartazes – é muito simples: todos os participantes precisam ter condições de ver e entender cada aspecto do fluxo e a situação de todas as ações em todos os momentos.

Outra técnica de controle visual é a incorporação daquilo que os japoneses identificam como os *cinco esses* (5S): cinco termos iniciados com a letra "s" que definem os componentes do controle visual em uma produção *lean*:

1. *Seiri* (separar) – separar ferramentas, peças e instruções necessárias daquelas supérfluas, removendo estas para a liberação de espaços.
2. *Seiton* (simplificar ou ajustar) – identificar e ajustar o que é necessário para facilitar a utilização (ou seja, criar um *layout* padrão).
3. *Seiso* (varrer) – limpar e garantir que o equipamento esteja pronto para o trabalho.
4. *Seiketsu* (padronizar) - conduzir os primeiros três esses em intervalos frequentes para manter o local de trabalho em condições satisfatórias.
5. *Shitsuke* (sustentação ou autodisciplina) – formar o hábito de acompanhar os primeiros quatro esses.

O VMMC usa os 5S para organizar as áreas de trabalho de maneira a garantir um fluxo regular das atividades e reduzir o desperdício do esforço de procurar e localizar. Cada coisa tem um lugar, e tudo está no seu lugar, limpo e pronto para ser usado (Fig. 2.2).

5S – Organização *lean* da manufatura no local de trabalho

Figura 2.2 A técnica organizacional dos 5S no local de trabalho. Embora refira-se a uma organização de manufatura, esta figura mostra os cinco componentes do controle visual que podem ser aplicados a qualquer produção *lean*.

Fonte: Gemba Research, (http://www.gemba.com).

É mais fácil entender o fluxo em um contexto de produção industrial. Porém, uma vez que um gerente consegue entender os princípios básicos do fluxo, terá condições de aplicá-los em qualquer atividade. As técnicas do fluxo são universais:

- Gerenciar a cadeia de valor específica para um produto ou serviço.
- Eliminar as barreiras organizacionais.
- Identificar e aplicar as ferramentas adequadas.
- Aplicar continuamente as técnicas *lean*.
- Incorporar os procedimentos de controle visual para manter todos os envolvidos adequadamente informados a respeito.
- Manter a segurança do pessoal e, em uma organização de assistência à saúde, do paciente, que é parte do processo do fluxo.

Como parte do processo do fluxo, o VMMC usa um "sistema de alerta de segurança do paciente", em que um integrante da equipe é responsável por "parar a linha de produção", ou o processo, sempre que surgir algum problema ou erro. Tudo é então suspenso até a correção do problema. Trata-se de uma importante estratégia para prevenir erros e garantir a segurança do paciente.

Passo 4: Sistema puxado

O sistema puxado exige que o provedor não produza nada até que o cliente sinalize uma necessidade.

Os verdadeiros benefícios do sistema de puxar podem ser concretizados com todo seu potencial em um sistema que utilize padronização e equilíbrio do trabalho, tempo *takt* e controle visual (incluindo o sistema 5S). A incorporação de cada uma dessas técnicas permite o gerenciamento do fluxo de tal maneira que seja possível adequar as mudanças às demandas dos clientes. Satisfazer a demanda do cliente dentro do cronograma do próprio cliente é o objetivo do sistema puxado.

Alguns analistas comparam o sistema puxado com o sistema empurrado, no qual o gerenciamento utiliza previsões de vendas, em vez de informação específica sobre as necessidades do cliente, a fim de determinar o volume da produção. Um sistema empurrado baseado em previsões, contudo, pode ter como resultado variabilidades ou inconfiabilidades de processos no âmbito do ciclo de produção que, por sua vez, podem conduzir a gargalos ou à superprodução, os primeiros sinais do desperdício. Além disso, num sistema empurrado, o fabricante/provedor empurra produtos/serviços – muitas vezes supérfluos – para o cliente, em vez de permitir que este puxe produtos/serviços de que realmente necessite.

Vantagens de um sistema puxado

- Os clientes conseguem o que querem, quando querem.
- As mudanças ditadas pelos clientes em características ou demanda de produtos podem ser imediatamente atendidas.
- O tempo decorrido entre a concepção do produto e a entrega ao cliente diminui radicalmente.
- Estoques supérfluos são reduzidos, e os retornos sobre o investimento são acelerados.

- A demanda dos clientes estabiliza-se quando estes se dão conta de que podem obter o que precisam no momento desejado.
- A satisfação dos clientes leva à cooperação deles em estabelecer antecipadamente suas necessidades, e assim o fornecedor pode melhorar os primeiros três passos do empreendimento *lean*.

O VMMC organizou seu centro de combate ao câncer pensando em eliminar dolorosas demoras e adiamentos para os pacientes. Com a concentração de todas as atividades de tratamento oncológico em uma instalação central, os pacientes passaram a ter suas necessidades satisfeitas quando e onde precisam, sem ter que ficar esperando e sem o "viajar" por todo o hospital em busca de atendimento.

Just-in-time

Uma das principais vantagens do sistema puxado – a eliminação dos estoques desnecessários – é o conceito *just-in-time* (JIT ou "na hora certa"). O JIT é um sistema de produção e entrega dos itens certos nos prazos certos e nos volumes/quantidades combinados. Em um empreendimento *lean*, os elementos-chave do JIT são o fluxo e o sistema de puxar. O fluxo, com seu trabalho padronizado e componentes do tempo *takt*, permite a produção JIT. O sistema puxado, por outro lado, exige tanto produção JIT quanto fornecimento JIT, que andam sempre lado a lado.

Tradicionalmente, os analistas de negócios propõem que cerca da metade da redução de um ciclo de negócios é causada pela utilização, por produtores e clientes, de estoques armazenados durante o pico registrado no ciclo. Da mesma forma, cerca de metade da expansão no ciclo de negócios deve-se ao acúmulo de novos estoques, a fim de evitar os aumentos de preços previstos para determinadas matérias-primas. Até agora, tem sido difícil testar se o emprego do pensamento *lean* poderia eliminar esses altos e baixos, já que a maioria das aplicações do JIT tem sido JIT no fornecimento, não JIT em produção. No entanto, seria viável que a utilização de uma técnica *lean* de puxar para determinar os passos da produção no estágio do fluxo viesse a encurtar bastante o caminho rumo à eliminação dessas flutuações e do desperdício que tradicionalmente as acompanha.[1]

Passo 5: Perfeição

Os primeiros quatro passos do pensamento *lean* levam necessariamente ao quinto passo: o da perfeição. Os quatro primeiros princípios interagem entre si em um círculo. Quando uma equipe de projeto especifica o valor, identifica os passos na cadeia de valor, introduz o fluxo a esses passos e permite que os clientes puxem valor da cadeia, ela estabelece um sistema que expõe falhas e impedimentos e revela formas de melhorar o fluxo e o estágio de puxar. No andamento desse processo, existe redução de esforços, tempo, espaço, custo e defeitos. Em outras palavras, o que está sendo concretizado é a eliminação do desperdício (*muda*), para que todas as atividades ao longo da cadeia de valor possam criar valor.

Essa realização, contudo, não representa o final da questão. O pensamento *lean* se dedica à permanente reinvenção em busca do aperfeiçoamento. O gerente *lean* deve sempre começar cada novo projeto mediante um refinamento do processo *lean*, a fim de oferecer um produto/serviço que esteja cada vez mais perto daquilo que o cliente deseja. Isso significa buscar continuamente por métodos para aperfeiçoar o processo. Existem sempre novas formas de eliminar a *muda*. Essa é a base subjacente da perfeição para tornar uma determinada atividade ou processo cada vez mais enxuta pela eliminação de um volume cada vez maior de desperdício, tornando a atividade mais flexível e reagente ao sistema de puxar do cliente.

O controle visual ou transparência, tão vital para o fluxo, é um dos mais importantes incentivos à perfeição. Se todos os participantes da cadeia - fornecedores, membros das equipes e clientes - puderem ver facilmente o que acontece, eles poderão descobrir maneiras melhores de eliminar o desperdício e criar valor. Além disso, a transparência fornece um *feedback* instantâneo, que é um poderoso incentivo para se continuar tentando melhorar.

Melhoria radical versus *melhoria incremental*

Batalhar pela perfeição pode constituir um processo de dois passos. Existem estudos demonstrando que, a curto prazo, transformar um sistema tradicional de lotes e filas em um processo *lean* de fluxo contínuo poderá dobrar, quase que instantaneamente, a produtividade do trabalho e reduzir o tempo de produção de estoques em até 90%. Estragos e produtos defeituosos podem ser reduzidos à metade, e novos produtos, dentro das respectivas categorias, podem ser oferecidos com custo adicional mínimo. Este radical reajuste inicial é o que os japoneses chamam de bônus *kaikaku*.*

Melhorias contínuas do reajustamento radical inicial para criar mais valor com menos desperdício - o conceito japonês do *kaizen*** - podem, mais uma vez, dobrar a produtividade e reduzir à metade estoques, defeitos e *lead times* (tempos de produção) nos primeiros dois ou três anos. A combinação de *kaikaku* e *kaizen* pode propiciar melhorias ilimitadas, todas visando à perfeição.

Depois de realizada uma melhoria, ela deve passar a ser o padrão para aquele processo, a menos que, em um futuro próximo, a melhoria possa ser ainda mais aperfeiçoada. Quando se adere a esse padrão, os problemas do passado não apresentam recorrência, nem agora nem no futuro.

É importante lembrar que a perfeição, embora desejável, é muitas vezes inatingível. Contudo, o esforço para atingir a perfeição muitas vezes direciona o progresso para aquele objetivo. É por isso que o aperfeiçoamento é um passo tão importante no processo *lean*; o esforço contínuo para atingir a perfeição só pode levar a meios cada vez melhores de se criar valor, eliminando o desperdício e permitindo que as necessidades dos clientes passem a definir as metas.

Os eventos *kaizen* regulares do VMMC - os *workshops* de melhoria rápida dos processos (RPIWs) - mostram que todos os integrantes da equipe estão continuamente examinando seu próprio trabalho à procura de meios para aperfeiçoar os processos e os resultados. Um dos motivos pelos quais isso funciona com tanta eficiência no VMMC é a política de "zero demissões" da organização. Os integrantes das equipes não se preocupam com o fato de que o aperfeiçoamento dos processos pode causar a perda de seu emprego. O VMMC realoca, em vez de demitir os membros da equipe. Se uma atividade é reconhecida como desperdício de tempo ou recursos, o empregado que a desempenha é transferido para outra área, muitas

* N. de RT.: bônus de melhoria radical.

** N. de RT.: melhoria contínua.

vezes recém-instituída, para melhorar seu desempenho, e ali ele pode utilizar toda a sua experiência de uma forma mais produtiva.

Referências

1. Womack J.P., Jones D.T.: *Lean Thinking: Banish Waste and Create Wealth in Your Corporation*, 1ª ed. Free Press, revisada e atualizada. Nova York: Free Press. Edição original, Nova York: Simon & Schuster, 1996.
2. Neurath P.: Toyota gives Virginia Mason docs a lesson in lean. *Puget Sound Business Journal, 12/09/2003.*

Aplicando o pensamento *lean* na assistência à saúde

3

Apesar de ter suas origens na indústria manufatureira, o pensamento *lean* não é estritamente uma estratégia de produção industrial, mas um sistema de gestão que tem por objetivo melhorar os processos ou o conjunto de ações exigidos para concretizar o trabalho. E como toda organização, inclusive instituições de assistência à saúde, desenvolve seu trabalho por meio de uma série de processos projetados para satisfazer as necessidades de seus clientes/pacientes, o pensamento *lean* pode ser aplicado universalmente a qualquer tipo de indústria. Na verdade, o empenho da Toyota para concretizar um "estado ideal de trabalho, isento de erros" adapta-se perfeitamente ao setor da assistência à saúde, tal como detalhado no Quadro 3.1.

Quadro 3.1

A noção de "ideal" adaptada para a assistência à saúde

- Exatamente aquilo que um paciente necessita, sem erros
- Assistência customizada ao cliente
- Quando pedido, exatamente como pedido
- Resposta imediata a problemas ou mudanças
- Desperdício zero
- Segurança física, emocional e profissional para pacientes, equipe médica e outros funcionários

Fonte: Jimmerson C., Weber D., Sobek D.K.II: Reducing waste and errors: Piloting lean principles at Intermountain Healthcare. Jt Comm J Qual Patient Saf 31:249-257, maio 2005.

Usando os cinco passos do *lean* para prestar assistência à saúde

Uma premissa básica do pensamento *lean* é a identificação do valor de um processo ou produto/serviço depois de diferenciar as atividades com valor agregado daquelas sem valor agregado e, então, eliminar qualquer desperdício (*muda*), a fim de garantir que cada atividade agregue valor ao processo e, em última análise, ao produto/serviço. A aplicação do pensamento *lean* envolve redesenhar o processo de tarefas relacionadas e interdependentes de maneira que, em conjunto, elas produzam um resultado que satisfaça uma determinada necessidade do cliente/paciente.

Definir o que é valor

A fim de atingir esse objetivo, os provedores de assistência à saúde podem escrutinar suas organizações pela perspectiva dos cinco passos do pensamento *lean*. O primeiro desses passos é definir o valor desejado pelo usuário, que, neste caso, é o paciente. Embora olhar para o paciente como o sujeito que especifica o valor de um serviço possa parecer lógico pelo ponto de vista dos princípios do pensamento *lean*, isso pode não ser um passo tão simples para as organizações de assistência à saúde como é para indústrias. Muitas vezes, o paciente não sabe o cuidado específico de que necessita, embora queira evitar esperas desnecessárias, permanecer acessível à família e aos amigos e ser tratado com respeito e cortesia. O prestador de assistência à saúde, contudo, precisa ajudar o paciente a especificar valor de acordo com o diagnóstico e os tratamentos disponíveis. Orientar o paciente a participar de seu próprio cuidado faz parte deste passo.

Identificar o fluxo de valor

Identificar e qualificar cada passo no processo de produção de um serviço (o fluxo de valor) é o segundo passo do pensamento *lean*; a concretização desse passo permite que o desperdício torne-se visível. Dar esse passo sempre exige muitas etapas; eliminar o desperdício depois de cada etapa pode exigir outro mapeamento do fluxo de valor para torná-la mais eficiente e/ou pertinente. Nas organizações de assistência à saúde, o fluxo de valor pode ser definido para os processos, para as instalações, ou para quem cuida do paciente.

Em contraste com muitas práticas correntes de confiar em empregados especializados que realizam tarefas repetitivas, o pensamento *lean* recomenda treinar os trabalhadores a terem um foco mais amplo, de maneira que possam enxergar o processo como um todo. O resultado é uma equipe multifuncional formada por trabalhadores capazes de desempenhar tarefas inter-relacionadas, o que, por sua vez, aumenta a produtividade. Quando isso faz parte do fluxo de valor, a satisfação do empregado aumenta, o desperdício e o número de defeitos diminuem e a contribuição da equipe ao valor especificado se acelera.

Fluxo contínuo e produção puxada

Uma cuidadosa atenção ao passo 2 é importante para o funcionamento dos passos 3 e 4, fazendo a provisão do valor especificado fluir ordenadamente, sem interrupção (por exemplo, um paciente esperando por cuidados), ou seja, do começo ao fim à base do puxar – as necessidades especiais – do paciente/cliente. À medida que os provedores de assistência à saúde aplicam esses passos em seu trabalho, eles continuam a buscar e a eliminar desperdícios como parte do objetivo permanente do método *lean*.

Perfeição

O derradeiro passo *lean*, a perfeição, não é necessariamente aplicado na ordem sequencial. Aperfeiçoar a maneira pela qual uma organização determina valor, elabora o fluxo de valor e mantém o fluxo de acordo com o cronograma do cliente/paciente é um ato permanente de melhoria do método. Qualquer método pode ser improvisado, e o quinto passo do pensamento *lean* é um alerta constante para que se mantenha a prontidão para se desmascarar desperdícios desnecessários e desenvolver meios de tornar os quatro passos anteriores mais efetivos.

Liderando de maneira *lean*: liderança eficaz em uma organização de assistência à saúde

Introduzir o pensamento *lean* em uma organização de assistência à saúde é desafiador e depende da liderança organizacional, ou seja, o sucesso de um sistema de qualidade depende do estilo e das habilidades dos líderes. Logicamente, sistemas de qualidade são ferramentas de gestão, e os líderes que gerenciam as ferramentas constituem as chaves para a eficiência do sistema.

É por isso que o primeiro passo na seleção ou mudança de um sistema de melhoria é uma avaliação dos projetos de melhoria anteriores. A avaliação de todos os aspectos do funcionamento de uma organização de assistência à saúde é essencial. Trata-se da única forma de descobrir o que está funcionando e o que não está. Quais são os programas de melhoria que a organização costuma utilizar? Os líderes se mostraram impacientes com o sistema, não dando tempo suficiente para a concretização da melhoria? O método utiliza medidas paliativas que resultam em melhorias em apenas uma ou duas tarefas, em contraposição a um método mais global destinado a impactar os objetivos futuros da instituição? Será que os líderes fizeram a leitura errada da cultura da organização, tentando trabalhar no âmbito de um sistema que é totalmente inapropriado para ela ou impossível de sustentar? Estarão os líderes insatisfeitos com a situação atual e buscando outros meios de melhorar o desempenho?

A melhoria requer mudança, e no atendimento à saúde isso se traduz no fato de que as pessoas precisam mudar.[1] Quando se pede às pessoas que façam mudanças de alcance geral no sistema para melhorar o desempenho, isso significa que é preciso haver uma mudança de cultura. Como a mudança de cultura começa com os líderes da organização, estes precisam reconhecer a necessidade de tal mudança e projetar uma maneira de efetivá-la.

A cultura da organização é o conjunto de convicções e rituais arraigados que as pessoas acreditam que irão produzir os resultados por elas esperados. Quando as pessoas colocam em prática essas convicções e esses rituais e conseguem os resultados esperados, ambos são reforçados. A cultura de uma organização surge desse ciclo de autoconsolidação.

A melhor – e talvez a única – maneira de mudar a cultura de uma organização é os líderes criarem as condições e o ambiente no qual um novo conjunto de convicções com força de persuasão atinja os resultados desejados. À medida que esse novo processo se repetir, uma nova cultura surgirá.

Quadro 3.2

Os clientes como o foco das organizações de assistência à saúde

Cada organização tem dois tipos de clientes: externos e internos. No pensamento *lean*, tudo começa com o cliente.

Para as organizações de assistência à saúde, o cliente externo é o paciente e sua família, que são os destinatários dos serviços. O cliente interno é a equipe e os provedores auxiliares, cuja tarefa é fornecer serviços que satisfaçam o cliente externo.

Fazer a distinção entre os dois tipos de clientes tem sido um grande problema para algumas organizações de assistência à saúde. Embora todos os clientes tenham o mesmo objetivo (obter o melhor produto, fornecido com efetividade, eficiência e segurança) relações complexas da assistência à saúde já levaram os clientes internos a comandar o sistema. O cliente externo pode acabar se perdendo na burocracia resultante disso.

O pensamento *lean* prega um ambiente focado no paciente. Afinal de contas, a organização de assistência à saúde existe para servir seus clientes, os pacientes. Contudo, embora possa parecer tentador designar os pacientes como os clientes principais e ao mesmo tempo minimizar os clientes internos, o pensamento *lean* também destaca a importância dos clientes internos, em função do seu papel vital na criação de valor para os clientes/pacientes.

Um exemplo prático poderia ser o paciente (o cliente externo, que precisa de um analgésico que é fornecido pela enfermeira (cliente interna). Se a enfermeira precisar ir até a farmácia para obter esse medicamento, ela estará não apenas desperdiçando tempo valioso, como também atrasando o fornecimento desse serviço ao paciente. O valor especificado da enfermeira é a conveniência de obter a medicação adequadamente para que esse serviço possa ser prestado ao paciente assim que ele precisar, e, se o processo não garantir as necessidades da enfermeira, ela também não poderá suprir a necessidade do paciente.

O conceito essencial aqui é que cada passo do processo deveria especificar exatamente o que se espera do passo anterior, de maneira que a equipe possa completar o passo do processo logo na primeira vez, sem desperdício. O cliente é o paciente, e a enfermeira que dispor do medicamento no menor intervalo a partir da manifestação dessa necessidade pelo cliente irá produzir valor pela perspectiva do paciente.

Os sistemas do pensamento *lean* promovem a satisfação e a delegação de poder à equipe, porque isso conduz a um processo melhor, o que, por sua vez, resulta não apenas na satisfação das necessidades específicas dos clientes, como também em segurança e desempenho melhores, economias mensuráveis de tempo e custos e em uma identificável margem competitiva. Todos esses resultados satisfazem também as necessidades de outros atores, tais como reguladores governamentais e seguradoras.

Ter os clientes como foco significa, então, não apenas entregar valor na forma de cuidado ou serviço aos pacientes externos (pacientes e seus familiares), mas também operar dentro de um sistema, no qual a equipe e os gerentes estão satisfeitos com seu trabalho, e os grupos de interesse de sustentação reconhecem o ponto fundamental constituído pela melhoria na eficiência, na qualidade e noa resultados financeiros.[1]

Referência

1. Institute for Healthcare Improvement: *Going Lean in Health Care*. Innovation Series 2005. http://www.ini.rg/NR/rdonlyres/F4E4084A-6297A1/0/GoingLeaninHealthCareWhitePaper.pdf, p. 6

Atingindo a mudança cultural

Mudar a cultura não é determinar uma missão contendo palavras impressionantes e objetivos vagos, e tampouco é algo que se faça de uma vez. A mudança de cultura é algo permanente, que começa com o olhar honesto dos líderes sobre a situação atual da organização e continua com avaliações e revisões regulares. Isso requer visão e compreensão do comportamento humano. Exige a coragem de descartar aquilo que não funciona e desenvolver processos que possam funcionar. Exige um sistema de responsabilização e um método de coleta de dados que ajude os líderes a avaliarem o estado da organização e a tomarem decisões apropriadas.[2]

O fator-chave para a concretização da mudança cultural é a liderança da organização de assistência à saúde. Como resumido numa proposta de revisão de padrões para organizações de assistência à saúde, encaminhada à Joint Commission: em uma cultura de segurança e qualidade, todos os indivíduos encontram-se focados na excelência contínua do desempenho, aceitam a segurança como uma responsabilidade pessoal e trabalham em conjunto para minimizar qualquer prejuízo que possa resultar em problemas de falta de segurança ou má qualidade do atendimento, tratamento ou dos serviços. Os líderes criam essa cultura pela demonstração do seu compromisso com a segurança e a qualidade, e, também, pela adoção de medidas destinadas a concretizar essa situação desejada.

Mesmo após discutir prioridades e analisar as tendências ao longo do tempo, uma vez descoberta a necessidade de mudança, líderes do setor de assistência à saúde podem proclamar que suas organizações são diferentes, justamente pelo fato de proverem assistência. Ainda assim, essas organizações têm os mesmos objetivos de outros setores: oferecer um produto de qualidade com segurança (no caso das organizações de assistência à saúde, os "produtos" são os cuidados e os serviços aos pacientes), manter os altos níveis de competência, responsabilidade e moral das equipes e cumprir obrigações e objetivos financeiros. Assim, a mudança cultural em uma organização, seja ela de assistência à saúde ou de qualquer outra área, requer de seus líderes a adoção dos mesmos passos, a saber: [3]

- Visualizar a cultura desejada.
- Analisar a cultura existente.
- Exigir discussão franca de problemas e outros tópicos delicados.
- Desencorajar a complacência.
- Desenvolver uma linha básica de dados (*baseline).*
- Determinar os líderes do primeiro escalão, e as habilidades gerenciais que deverão servir de modelos para os novos valores culturais da organização.
- Comunicar para toda a organização os novos objetivos organizacionais e as expectativas.
- Determinar as habilidades que os membros da equipe devem ter para o desenvolvimento de uma nova cultura.
- Definir responsabilidades e funções específicas para a equipe, delegar poder para o desempenho de novas funções e estabelecer um sistema de responsabilidade condizente com os novos objetivos individuais e da equipe.
- Divulgar a concretização de metas e os comportamentos profissionais a serem compensados.
- Participar da incorporação das mudanças e demonstrar inabalável apoio da liderança.

De muitas formas, o pensamento *lean* oferece a estrutura dentro da qual a mudança cultural pode ocorrer. O desafio que se apresenta atualmente aos provedores de assistência à saúde é prestar uma assistência segura, apropriada e com boa relação custo-benefício. Para atingir essas metas, as instituições da área precisam efetuar uma mudança cultural que delegue poder a seus líderes, gerentes, equipes e clínicos para que possam abordar e solucionar os problemas que só poderão ser resolvidos por uma mudança no ambiente de trabalho e na cultura da organização. Os princípios do pensamento *lean* servem para reforçar uma mudança cultural dessa natureza.

Por exemplo, o pensamento *lean* prioriza o processo, em vez da hierarquia; um foco no cliente/paciente, em vez de um foco interno; equipes interdisciplinares, em vez de indivíduos especializados; gerentes no papel de professores ou capacitadores, e não no de diretores; análise das causas, em vez de atribuição de culpas; eliminação do desperdício, em vez de aumento de volume para reduzir os custos; e o compartilhamento de informações, em vez de acúmulo de informações. Essa comparação abreviada mostra a intensidade do impacto que ocorre quando a cultura da organização deixa de ser tradicional e passa a ser *lean.*

Substituindo o pensamento gerencial pelo pensamento por processos

A fim de incorporar o pensamento *lean* em uma empresa de assistência à saúde, os líderes precisam, em primeiro lugar, examinar friamente a estrutura organizacional. Muitas organizações de assistência à saúde são alinhadas em níveis hierárquicos, com um movimento de tomada de decisões vertical, do topo para a base. O *lean* funciona melhor em um processo horizontal, fluindo a partir de uma necessidade de um serviço até a entrega desse serviço, sem interrupção no fluxo. Para tornar isso possível, os líderes precisam organizar seus subordinados em equipes operacionais com base nos produtos ou serviços individuais oferecidos ao paciente. Isto significa que toda a equipe precisa compreender que elas trabalham para o paciente, e não para os departamentos da organização. Isso pode exigir uma reorganização da equipe para satisfazer as exigências do processo. Um exemplo são as mudanças instituídas no processo do tratamento de quimioterapia descrito no começo da Introdução deste livro. Trata-se de uma grande mudança em pensamento por processos e muito distante do mais tradicional pensamento gerencial.[4] Na Figura 3.1 há um exemplo do pensamento tradicional *versus* o pensamento por processos.

Um processo é uma série de ações, que, para ser funcionalmente *lean* (enxuta), precisam ser executadas na sequência adequada e no tempo adequado para satisfazer uma necessidade do cliente/paciente. Na assistência à saúde, processos primários servem ao cliente externo (pacientes e suas famílias), e processos internos suprem as necessidades dos clientes internos (equipes, reguladores, seguradores, financiadores externos). Embora o pensamento *lean* enfatize que o foco é o paciente, é importante recordar que os processos internos são necessários para se criar valor nos processos primários. Por exemplo, estabelecer uma forma eficiente para que um integrante da equipe marque data/horário de um exame diagnóstico elimina o tempo de espera do paciente e garante que o exame venha a ser realizado no tempo necessário. Simultaneamente, o integrante da equipe é capaz de realizar sua função com mais agilidade e de responder mais apropriadamente à necessidade do paciente, economizando tempo e ficando satisfeito com o seu trabalho.

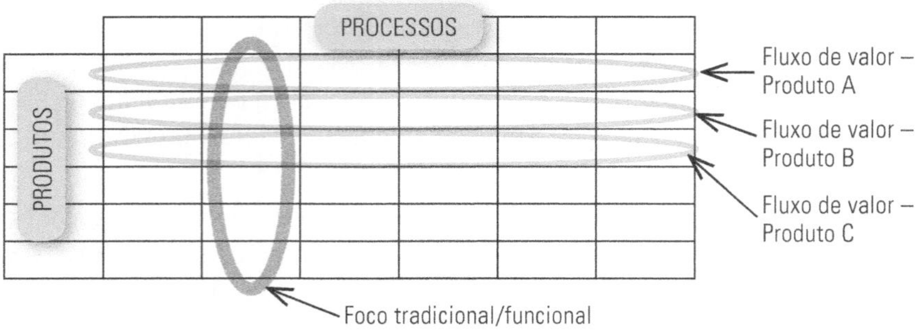

Figura 3.1 Pensamento gerencial tradicional X pensamento por processos.

Fonte: Adaptado por Stephen Manley. Extraído de Learning to See: Value Stream Mapping to Add Value and Eliminate Muda, por Mike Rather e John Shook, Lean Enterprise Institute, p. 6, 2003.

Critérios adicionais definem processo e pensamento em processos. Um processo cuidadosamente elaborado cria valor para o(s) cliente(s), produz um bom resultado todas as vezes, alcança o resultado planejado, evita demoras, é flexível e flui sem interrupções. Qualquer falha na concretização de algum desses critérios durante um processo indica desperdício. A metodologia *lean* requer a remoção de todos os desperdícios e, depois disso, uma reavaliação ou talvez a reestruturação do processo. Isso é feito com mais facilidade seguindo-se as práticas do pensamento *lean*, em vez de se basear em um sistema mais tradicional e seguimentado.

Afastar-se das filosofias tradicionais de gestão também permite que os líderes concentrem-se em treinar e desenvolver integrantes da equipe que se mostrem focados no serviço, que estejam continuamente aprendendo e que demonstrem sinergia. O último fator é importante porque significa que os líderes são capazes de formar equipes coesas e bem-sucedidas, e negociar soluções ganha-ganha para todos os problemas. Líderes e equipes constroem paralelamente a confiança trabalhando com outras pessoas, o que ajuda a criar um clima favorável ao crescimento e um desejo de participar dos projetos de melhoria.

Líderes que adotam o pensamento por processos começam a entender que ignorar problemas esperando que eles um dia venham a desaparecer é algo que não dá certo. Pelo contrário, os problemas tendem a crescer. Antes que isso possa acontecer, os líderes *lean* perguntam: "O que há de errado com esse processo?" e "Como corrigir esse processo antes que os resultados sejam ainda mais negativos?". O que os líderes não fazem é perguntar: "Quem é o culpado?". Sua prioridade é melhorar o processo, jamais em buscar culpados.

O movimento de se afastar dos métodos tradicionais de gerenciamento e migrar para o do pensamento *lean* requer tanto visão quanto coragem, e pode inicialmente deixar os líderes (e suas equipes) um tanto desconfortáveis. Muitos líderes da assistência à saúde tendem a confiar em métodos de mudança que mantêm o sistema existente, que lhes é familiar, em vez de elaborar um sistema novo (por exemplo, ensinar aos empregados protocolos conhecidos de um processo que não funciona, em vez de educá-los de maneira que possam mudar sua atitude e criar um sistema que venha a funcionar). Esse tipo de pensamento tradicional resulta em processos ineficientes, criados em um ambiente hierarquizado por decisões de alto nível, adotadas sem um bom entendimento do impacto nos processos de trabalho e no tempo das equipes.

Líderes eficientes precisam desafiar o *status quo* ao insistirem que os sistemas atuais não podem continuar em vigor e ao apresentarem alternativas claramente articuladas e ponderadas. O papel do líder é se mostrar insatisfeito com o *status quo* e articular as metas necessárias para criar valor para os pacientes; já o papel da equipe é encontrar formas de criar processos à prova de desperdício. Os líderes precisam ter consciência de que os sistemas de trabalho contêm determinados montantes de trabalho inútil e estimular a identificação e o descarte desse desperdício. Se os líderes da assistência à saúde não derem esses passos, o pensamento *lean* não conseguirá transformar suas organizações.

Substituir o pensamento gerencial pelo pensamento por processos, especificamente o pensamento *lean*, requer que os líderes façam uma autoavaliação para decidirem até que ponto eles apoiam a melhoria da qualidade nas suas organizações. O Quadro 3.3 apresenta uma lista de verificação adaptada dos resultados de um estudo feito com base em entrevistas detalhadas com equipes clínicas e administrativas de oito hospitais em diferentes regiões dos Estados Unidos. Ela pode ajudar os líderes das empresas de assistência à saúde a determinarem em que ponto residem suas próprias forças e deficiências em matéria de promoção de melhorias.

Garantindo a adesão da liderança

Mostrar as vantagens da implementação do pensamento *lean* em um ambiente de assistência à saúde é, na maioria das vezes, tudo o que se precisa para "vender" a metodologia. Ainda assim, há líderes no ramo de assistência à saúde que poderão relutar em mudar a cultura existente. Uma das razões para isso pode ser o fato de os empregados desse setor se mostrarem sempre bastante absorvidos em seu trabalho. Eles o consideram tão importante que podem relutar em admitir que exista desperdício em algumas de suas atividades. Em outras situações, os líderes da assistência à saúde sentem-se tão envolvidos com a hierarquia quanto com os serviços que fornecem.

Quaisquer que sejam as razões para que a liderança resista à mudança de cultura, os fatos a respeito do pensamento *lean*, em geral, falam por si mesmos. Poucos duvidam que o sistema *lean* tenha sido um sucesso no setor de manufatura. A lógica que dá sustentação aos processos que funcionam na fábrica será a mesma aplicada às organizações de assistência à saúde. Ao se utilizar o sistema *lean* para mapear o fluxo de valor para estabelecer prioridades, o fluxo de processos para eliminar o desperdício e o passo da perfeição para realizar a contínua avaliação e melhoria de todos os processos, tem-se resultados melhores e mais seguros para os pacientes. Em troca, essa melhoria do desempenho nos sistemas operacionais da organização reduz custos e melhora o quadro geral da situação financeira. Muitos líderes consideram a mudança cultural mais atraente quando o lucro final reflete as metas pretendidas.

Além disso, os líderes precisam ver que um sistema mais flexível e mais ágil, realmente capacita a organização a resolver problemas individuais com maior presteza. Quanto maior a rapidez com que pequenos problemas no processo do fluxo possam ser resolvidos, mais rapidamente o sistema poderá ser alterado ou consertado. Esse tipo de flexibilidade também tem um efeito positivo sobre os objetivos financeiros, isso para não falar do impacto positivo sobre o moral das equipes.

Proporcionar aos líderes da assistência à saúde treinamento que exija sua participação ativa e *workshops* sobre o pensamento *lean* é, em geral, a melhor maneira de exaltar os benefícios desse sistema. A maioria das sessões de treinamento *lean* apresenta exercícios que ajudam os participantes a perceber que problemas podem ser resolvidos rapidamente pela identificação da causa-raiz e pela aplicação de uma série de rápidas mudanças de procedimentos. Essas ações, por sua vez, melhoram o cuidado e a segurança dos pacientes, reduzem custos e fazem uso das habilidades das equipes com maior eficiência. Além disso, as atividades geradoras de desperdícios, tais como contornar obstáculos, localizar equipamentos e acomodar outros gargalos, são eliminadas.

No entanto, é preciso fazer algumas considerações sobre a liderança, específicas para a área de assistência à saúde. O termo *liderança* é, em geral, utilizado para a líderes administrativos, como o CEO (*chief executive officer*, ou diretor presidente), diretor financeiro (CFO, em inglês), etc. Contudo, a estrutura de muitas organizações de assistência à saúde atualmente torna essa visão por demais limitada. A equipe médica desempenha papel de destaque na liderança de uma organização. Além disso, uma organização pode fazer parte de uma rede maior, ou regional, ou precisar prestar contas a grupos de interesse externos devido ao seu caráter de instituição pública ou isenta de impostos. Embora isso não diminua a importância do envolvimento dos líderes administrativos no processo de melhorias, acaba por enfatizar a necessidade de incluir outros personagens, especialmente os médicos, em funções de liderança.

Quadro 3.3

Melhoria apoiada pela liderança

Engajamento pessoal

- Reunir apoios para os esforços de melhoria da organização e manifestar publicamente o apoio a esses esforços.
- Participar ativamente das equipes envolvidas no processo de melhoria (o que inclui o comparecimento regular a reuniões).
- Garantir que os dados de desempenho sejam distribuídos para toda a organização.

Relacionamento com o corpo clínico

- Manter contato regular com médicos, enfermeiros e demais funcionários clínicos.
- Entender as necessidades dos clínicos e tratá-las com a mesma importância atribuída às necessidades administrativas/financeiras.
- Negociar com os clínicos, em vez de emitir ultimatos.

Promoção de uma cultura organizacional baseada em melhorias

- Estabelecer metas comuns para a organização que sejam consistentes com o foco em melhorias.
- Promover a colaboração interdepartamental e multidisciplinar, em toda a organização.
- Incentivar a comunicação de erros e a coleta de informações, evitando atribuição de culpa e vitimização.
- Buscar abordagens inovadoras para solução de problemas.
- Mostrar disposição para abandonar processos obsoletos que deixarem de funcionar com eficiência.

Apoiar as melhorias com as estruturas organizacionais

- Garantir a criação de equipes para cuidar de oportunidades identificadas para melhorias.
- Estipular que as equipes façam relatórios e entreguem à gerência sênior, e que os dados possam ser considerados na hora da decisão.

Suprimento de recursos organizacionais

- Destinar tempo adequado para que funcionários do corpo clínico, da gestão de qualidade e do gerenciamento de dados possam realizar as tarefas necessárias.
- Alocar recursos suficientes para fornecer tecnologia da informação com base na coleta, análise e divulgação de necessidades da organização.[1]

Referência

1. Joint Commission Resources: Overcoming Performance Management Challenges in Hospitals. Oakbrook Terrace, IL: Joint Commission on Accreditation of Healthcare Organizations, 2005.

A indústria da assistência à saúde, de maneira geral, concorda que a liderança médica desempenha um papel fundamental na missão de atrair o apoio de outros clínicos aos esforços da liderança. Médicos líderes devem ajudar a modelar os objetivos de melhoria da organização de assistência à saúde. Médicos envolvidos em governança melhoram a comunicação entre as equipes médica e administrativa, e estabelecem um clima de confiança com os integrantes da equipe clínica, assegurando-lhes que suas visões e objetivos estejam representados nesses esforços.

Conquistar a adesão dos clínicos para uma mudança de cultura, contudo, pode representar um enorme desafio.[5] Os médicos, em geral, relutam em ceder tempo que poderia ser devotado ao cuidado do paciente para realizar atividades pelas quais não serão reembolsados ou que consideram ineficazes ou burocráticas. Eles não veem motivo algum para mudar processos que, na sua opinião, estão funcionando. Apesar de tudo, fazer uma clara ilustração das desvantagens de se manter o *status quo* às vezes inspira o envolvimento dos médicos com o processo de melhoria.

Por exemplo, se os médicos receberem registros referentes ao ano anterior, eles poderão ver quais foram os casos que não exigiram acompanhamento posterior e quais teriam se beneficiado se tivessem sido gerenciados pelo sistema do pensamento *lean*. Em outra instância, o pessoal médico do Veteran Affairs Pittsburgh Healthcare System (Vaphs) descobriu um aumento das infecções durante a análise de dados. Em um esforço destinado a manter sua meta de zero infecções hospitalares, o Vaphs pediu aos encarregados da unidade que observassem o trabalho realizado, anotassem problemas, fizessem sessões de estudo a respeito e, então, implementassem soluções. A análise identificou a higienização inadequada das mãos como um dos principais problemas e adotou medidas para mudar o processo. O resultado foi a redução no índice de infecções hospitalares. Exemplos são fundamentais para mostrar a médicos e outros clínicos como o pensamento *lean* pode ajudar seus pacientes e para convencê-los a adotar o método.

Incorporar um sistema *lean* em um cenário de assistência à saúde não é uma mudança simples para os líderes das organizações. É fundamental que estes mantenham seu foco e deem uma chance ao pensamento *lean*. Adotar novos processos pode ser doloroso, e é possível que leve algum tempo para que se chegue ao nível desejado pela maioria dos líderes. Contudo, quanto mais as equipes trabalharem na implementação de processos *lean*, mais eficientes elas se tornarão na concretização de mudanças eficientes. As recompensas pela adoção das mudanças desejáveis, mesmo com pequenos ganhos, são sempre muito grandes ao longo do processo.

A gerência dá o tom, a equipe resolve os problemas

A mudança de cultura para um sistema *lean* começa sempre com um ou vários líderes na cúpula da organização. Esses indivíduos tomam para si a responsabilidade de lançar uma campanha *kaikaku* - melhoria drástica ou mudança revolucionária - na organização. Esses líderes são conhecidos como os agentes da mudança.

A campanha *kaikaku* é o começo. Ela pode apresentar resultados drásticos a curto prazo, mas o processo inteiro requer que os integrantes da equipe sustentem e melhorem cada grande fluxo de valor. Isso é *kaizen*, definido como a mudança contínua, evolucionária, crucial para o sistema a longo prazo. O fluxo de valor de cada produto ou serviço precisa ser continuadamente reavaliado, remapeado e modificado, a fim de se evitar um rompimento do sistema ou a regressão aos métodos antigos.

Algumas organizações de assistência à saúde implementam tudo isso com o lançamento de eventos *kaizen* ou *blitzes*. Durante esses eventos, as cadeias de valor são reconfiguradas em curto período, normalmente uma semana. A equipe que faz as mudanças é normalmente multifuncional e possui componentes de várias áreas organizacionais ou funcionais. Há nela um senso de otimismo, de que os problemas podem ser resolvidos e de que diferentes pares de olhos podem ver problemas diferentes, bem como diferentes soluções. As organizações *lean* tipicamente conduzem seus eventos *kaizen* anualmente, e exigem que os funcionários participem deles, seja como membros da equipe *kaizen* ou como elementos de apoio a outros funcionários que participam do evento. Uma grande organização regional de assistência à saúde do estado de Wisconsin (EUA), por exemplo, determina que cada um de seus empregados participe de seis "semanas de evento" por ano, e recomenda que cada líder administrativo participe no mínimo de duas dessas semanas.[3*]

Isso significa, de acordo com o especialista em *lean* James P. Womack, que "todos precisam ser um líder *lean*". Há mais de um nível de liderança no pensamento *lean*. O nível máximo pode desencadear uma grande mudança, mas os líderes de pessoal precisam assumir responsabilidades como líderes pela implementação bem-sucedida e pela sustentação do sistema. O líder da cadeia de valor, por exemplo, lidera o produto/serviço ao longo do processo de criação de valor, ao mesmo tempo que avalia a forma pela qual o processo está funcionando e se não está havendo desperdício. Se existirem problemas, o líder do fluxo de valor lidera a equipe na correção dos problemas e na restauração da adequação da função. Ele pode conseguir isso recorrendo à equipe em busca de sugestões ou buscando ajuda externa, tal como a dos *sensei*, os professores especialistas em vários conhecimentos. Em muitos sentidos, no entanto, os próprios gerentes de fluxo de valor tornam-se *sensei*.

Se uma organização de assistência não conta com nenhum agente de mudança, seja interno ou externo, os líderes que percebem os problemas podem orientar os integrantes das equipes a assumirem a responsabilidade pelos fluxos de valor em que trabalham. Os empregados definem o valor a ser atingido (as necessidades do paciente), mapeiam o fluxo de valor atual, solicitam contribuições (*inputs*) aos membros da equipe, reestruturam o fluxo ou eliminam o máximo possível de desperdícios e determinam se o novo processo tem um melhor resultado geral. A maior parte dos integrantes da equipe mostra-se ansiosa para corrigir um problema e, por isso, certamente irá responder à iniciativa da liderança, em vez de desperdiçar seu tempo procurando alguém em quem jogar a culpa.

O começo: identificando prioridades

A maioria dos analistas *lean* adverte que começar a conversão para o *lean* é um empreendimento desafiador que requer uma avaliação das prioridades internas concorrentes para criar uma organização centrada no paciente. Além disso, de acordo com Jeff McAuliffe, diretor de eficiência organizacional, e Tom Moench, consultor sênior de desenvolvimento de gestão no Swedish Medical Center, em Seattle (EUA), e Joan Wellman, consultora especializada na aplicação dos princípios da Toyota às organizações de assistência à saúde, líderes comprometidos com o estabelecimento de uma operação *lean* precisam ter em vista a operação inteira. Começar com apenas um departamento pode ser um fator de autodestruição, já que a cultura *lean* nesse departamento será tão diferente do restante da organização que o departamento não terá condições de funcionar no conjunto da operação.[6]

Por outro lado, algumas organizações de assistência à saúde tentam realizar tantas transformações de uma só vez que o resultado acaba sendo apenas o de espalhar seus recursos de maneira inadequada, passando o projeto a padecer de falta de rumo em função da inexistência de um foco específico. Isso pode ser prevenido se a organização escrutinar os serviços oferecidos e as pessoas por ela atendidas de maneira a identificar áreas que mais impactem esses serviços e essas pessoas, e que apresentem o maior risco à segurança do paciente e à qualidade do atendimento. Em suma, a organização precisa estabelecer prioridades.

---

* Entrevista com o médico John Toussaint, presidente e CEO da ThedaCare, em Appleton, Wisconsin, 07 de julho de 2005.

A chave para identificar e priorizar oportunidades específicas para uma organização incorporar métodos *lean* é continuar dando ênfase às prioridades atuais, ao mesmo tempo em que busca meios adicionais de aplicar o pensamento *lean*. Todas as organizações de assistência à saúde promovem a segurança do paciente, o controle de infecções e o gerenciamento de medicamentos. Ao estudar os focos prioritários dos grupos clínicos/serviços, os líderes e sua equipe podem tornar-se capacitados não apenas para melhorar a administração dessas três prioridades correntes, mas também para descobrir novas categorias e novos grupos de serviços nos quais os métodos *lean* possam ser usados para melhorar a segurança e o desempenho. Por exemplo, a transparência no pensamento *lean* é o suporte principal do gerenciamento de medicamentos, bem como da estrutura de uma abordagem multidiscplinar da provisão de serviços. Envolver ativamente os pacientes em seu próprio atendimento e tratamento é um dos muitos passos que uma organização pode dar para desenvolver o objetivo primordial do pensamento *lean*: foco no paciente/cliente. E organizar e implementar eventos *kaizen* permite que a organização avalie, reformule e planeje a maneira mais segura, rápida e eficiente de fazer este trabalho.[5]

O começo: mapeando o fluxo de valor

A transformação de uma metodologia tradicional em uma metodologia *lean* começa com o mapeamento do fluxo de valor.[4] No pensamento *lean*, o fluxo de valor é um mapa de processos que mostra a maneira pela qual tarefas e informações fluem do começo ao fim da cadeia. O mapeamento do fluxo de valor é uma técnica *lean* fundamental, e ela pode ser tão simples quanto um desenho feito a lápis dos principais processos da cadeia.

Os fluxos de valor em uma organização são aqueles que sustentam ou produzem os principais produtos/serviços. Na assistência à saúde, um produto/serviço central pode ser a visita ao consultório, a avaliação física ou a parada para buscar medicamentos. O mapeamento do fluxo de valor identifica os processos fundamentais para cada produto/serviço.

A Figura 3.2 resume graficamente a estrutura do mapeamento do fluxo de valor.

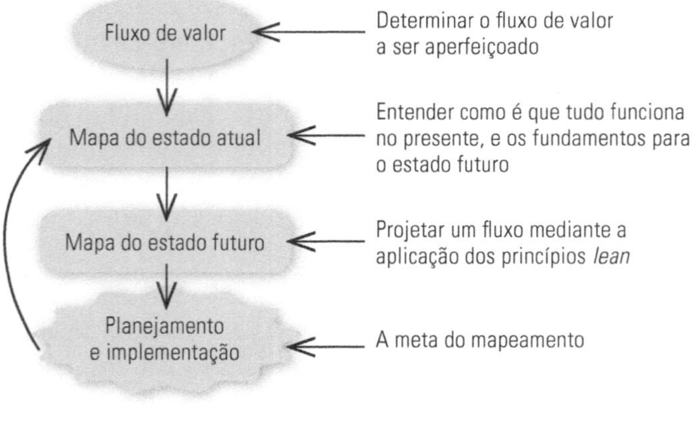
Fluxo de valor
Determinar o fluxo de valor
a ser aperfeiçoado
Mapa do estado atual
Entender como é que tudo funciona
no presente, e os fundamentos para
o estado futuro
Mapa do estado futuro
Projetar um fluxo mediante a
aplicação dos princípios *lean*
Planejamento
e implementação
A meta do mapeamento

Figura 3.2 Esta figura mostra os pontos básicos do mapeamento do fluxo de valor, que se baseiam em entender o estado atual e estabelecer metas de melhoria dos processos, antes de elaborar um plano para concretizar objetivos futuros.

Desenvolvida por John Long: Lean Concepts, http://leanconcepts.com. Reproduzido sob licença.

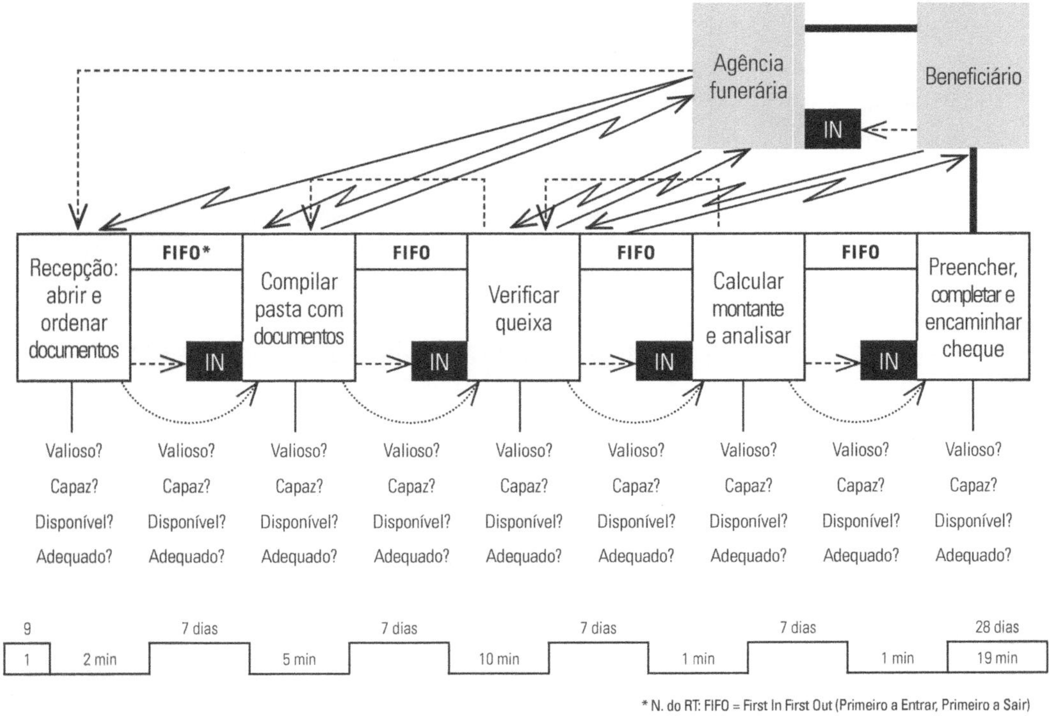

Figura 3.3 Mapa do estado atual do fluxo de valor. Este é um exemplo do mapa de um fluxo de valor existente para o processamento de uma reclamação de seguro. Note que existem nove passos (canto esquerdo inferior), com o tempo real de trabalho e o tempo de processo transcorrido mostrados abaixo de cada passo. Devido à demora excessiva entre os passos, foram necessários 19 minutos de trabalho real para completar o processo ao longo de um período de 28 dias.

Fonte: *Institute for Healthcare Improvement, Innovation Series:* Going Lean in Health Care, *2005, 8.* Reproduzido com permissão do *Institute for Healthcare Improvement, Cambridge, MA, e com permissão do Lean Enterprise Institute, Boston, MA.*

Mapeamento do estado atual do fluxo de valor

Os participantes, primeiramente, mapeiam o estado atual de um processo (como ele funciona e não como deveria funcionar).[4] *Veja* o exemplo de um mapa do estado atual do fluxo de valor na Figura 3.3. Começando pela especificação do valor pelo ponto de vista dos clientes/pacientes (externos e internos), a equipe esboça todos os passos, incluindo o desperdício dentro de cada passo e entre cada um deles. Às vezes, o desperdício não é imediatamente aparente até que a equipe consiga fisicamente percorrer as etapas do processo. Muitos eventos *kaizen* costumam primeiro mapear, depois percorrer o circuito e finalmente remapear um fluxo específico de valor para efetuar mudanças nos processos, a fim de criar um novo estado atual.

Durante o mapeamento, a cada passo a equipe faz uma série de perguntas:

- Este passo cria valor para o cliente?
- Este passo produz um bom resultado todas as vezes (é capaz)?

- Este passo produz o resultado desejado como definido pelo cliente a jusante da corrente todas as vezes (está disponível)?
- É possível trocar rapidamente de passo de um produto para o seguinte, de maneira que eles possam ser fabricados em pequenos lotes (é flexível)?
- Há capacidade suficiente neste passo para que o produto/serviço não precise esperar no processo? Ou há capacidade em excesso, baseada em projeções erradas de demanda?

Fazer uma lista dos passos do processo permite à equipe desenvolver uma análise passo a passo, revelando aquilo que não tem valor e ao mesmo tempo identificando passos que sejam incapazes, indisponíveis, inflexíveis, inadequados ou tenham excesso ou falta de capacidade. Passos que não agregam valor ao processo representam desperdício e devem ser eliminados, enquanto as outras inadequações são examinadas para que se determine a melhor maneira de aperfeiçoar o resultado.

O exame passo a passo é apenas o começo da tarefa; o relacionamento entre os passos é igualmente importante. O *feedback* do cliente/paciente consegue chegar à equipe sem demora ou interrupção? O produto/serviço desloca-se para o fluxo cliente/paciente suavemente, sem atrasos ou esperas? O fluxo dos passos é determinado pela demanda (puxada) do cliente/paciente em vez de ser "empurrado" pelo prestador do serviço?

O tempo também é importante para o mapeamento do fluxo de valor. A equipe mede o tempo do processo (o montante de trabalho realizado para completar uma tarefa) e o *lead time* (o tempo total para a entrega do produto/serviço, desde a especificação [pedido] até a entrega) no fluxo de valor atual.

Anotar todos os passos, tanto como incrementos individuais quanto como processos inter-relacionados, capacita a equipe a perceber a cadeia de fluxo de valor no seu todo, e determina o estado presente do seu desempenho.

Mapeamento do estado futuro do fluxo de valor

O passo seguinte é elaborar o mapa do estado futuro do fluxo de valor.[4] (A Figura 3.4 mostra um exemplo.) A primeira atividade é reduzir o tempo do processo e o *lead time* pela eliminação do desperdício no mapa do estado atual do fluxo de valor. A equipe então avalia os passos restantes no fluxo de valor para localizar pontos em que melhorias são necessárias e podem ser concretizadas. O objetivo é eliminar o desperdício e incorporar a melhoria no decorrer de toda a cadeia de valor, não apenas no âmbito dos passos individuais.

Resultados duradouros requerem mais do que ajustes precários no mapa do estado atual do fluxo de valor para desenvolver o mapa do estado futuro. Mudanças imediatas irão, realmente, produzir mudanças positivas, mas a menos que o fluxo de valor seja continuamente monitorado, a melhoria pode ser de curta duração. Por outro lado, a coleta de dados para uma análise abrangente pode ocupar tempo demais para permitir qualquer melhoria significativa. Um sistema *lean* requer quantidade suficiente de dados comprovados para a consolidação de melhorias com base em fatos, e o mapeamento do fluxo de valor muitas vezes revela quais são os dados necessários para habilitar um sistema *lean* a funcionar em condições ideais.

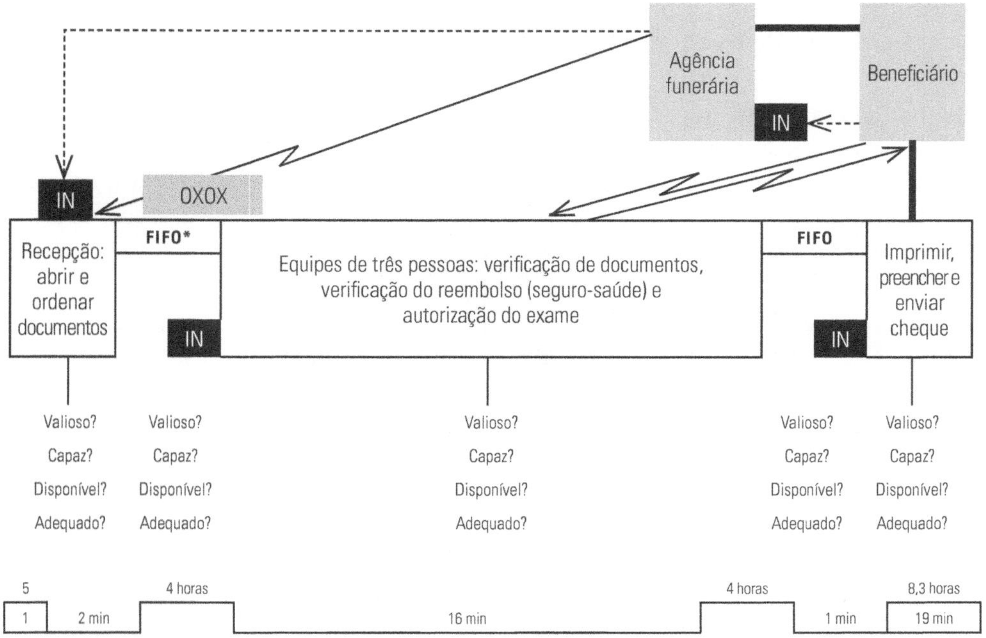

Figura 3.4 Este é um remapeamento do fluxo de valor de estado atual mostrado na Figura 3.3. O fluxo de valor de estado futuro exibe apenas cinco passos, e o tempo desperdiçado entre os passos já foi eliminado. Os mesmos 19 minutos de trabalho anteriormente completados em 28 dias podem ser agora concluídos em pouco mais de oito horas.

Fonte: Institute for Healthcare Improvement, Innovation Series: Going Lean in Health Care, 2005, 8. Reproduzido com permissão do Institute for Healthcare Improvement, Cambridge, MA, e com permissão do Lean Enterprise Institute, Boston, MA.

Projetar o mapa do estado futuro do fluxo de valor exige que a equipe:

1. Estude os passos do fluxo de valor para determinar quais agregam valor e quais não o agregam. Faça as mesmas perguntas que orientam o mapeamento do fluxo de valor do estado atual.
2. Conecte os passos de valor agregado a fim de melhorar e aperfeiçoar o fluxo do processo e eliminar passos desnecessários. Isso significa tanto examinar a sequência do fluxo (ela é compacta, com pouco ou nenhum espaço de espera entre os passos?) e determinar se cada passo ocorre apenas mediante o comando do passo seguinte a jusante dentro do tempo disponível.
3. Estabeleça uma análise de avaliação de risco para garantir que, à medida que a eficiência aumente, a segurança não seja comprometida.

De um ponto de vista prático, existem três ações básicas:

1. Selecionar um processo a ser melhorado, tal como a administração de medicação durante trabalho de parto/nascimento.
2. Trabalhar com a equipe que seria encarregada de realizar o processo selecionado. Mapear cada passo e seu tempo. Por exemplo, existem filas enquanto as pessoas esperam por informação, equipamentos ou medicações? Em caso positivo, de que tamanho? Quanto cada integrante da equipe tem de caminhar para completar cada procedimento? Quanto tempo isso leva? Os resultados equivalem às metas especificadas? A tarefa é identificar problemas no fluxo.
3. Procure por passos que possam ser eliminados ou combinados. Busque qualquer tipo de desperdício. Como você pode reduzir a demora? Os membros das equipes têm fácil acesso a medicamentos, ou precisam se dirigir a outros locais para encontrar aquilo de que precisam?

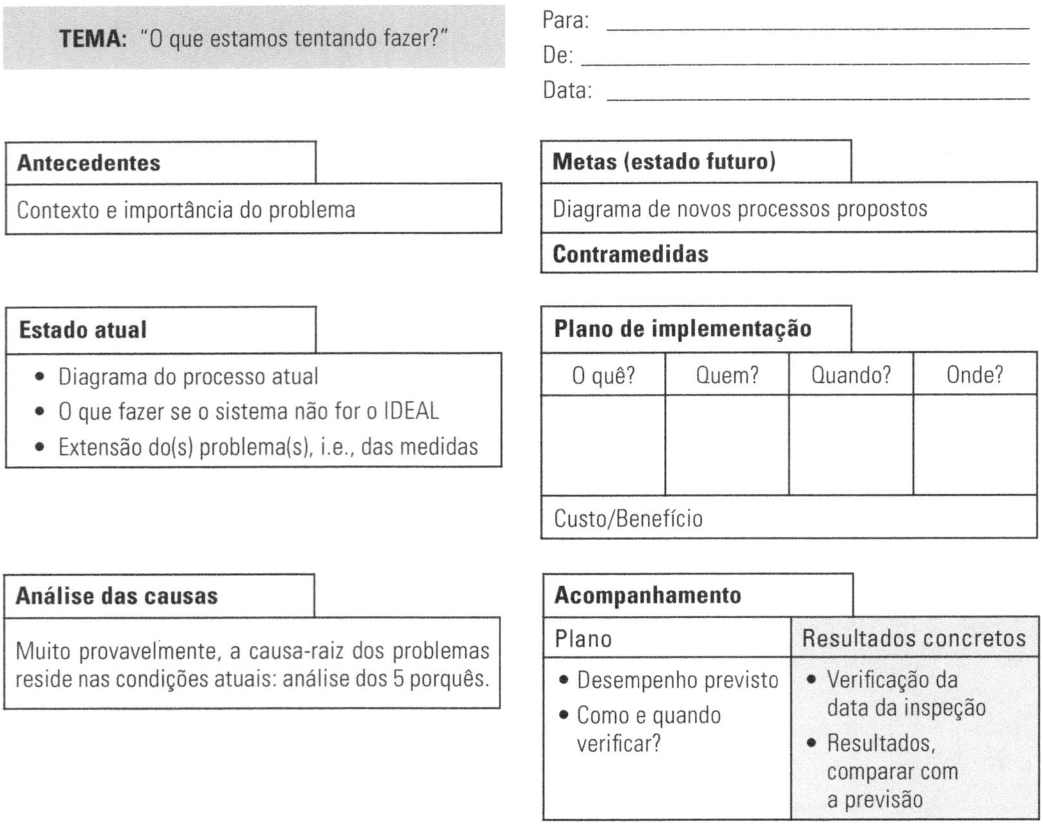
TEMA: "O que estamos tentando fazer?"
Para:
De:
Data:
Antecedentes
Contexto e importância do problema
Metas (estado futuro)
Diagrama de novos processos propostos
Contramedidas
Estado atual
• Diagrama do processo atual
• O que fazer se o sistema não for o IDEAL
• Extensão do(s) problema(s), i.e., das medidas
Plano de implementação
O quê?
Quem?
Quando?
Onde?
Custo/Benefício
Análise das causas
Muito provavelmente, a causa-raiz dos problemas reside nas condições atuais: análise dos 5 porquês.
Acompanhamento
Plano
• Desempenho previsto
• Como e quando verificar?
Resultados concretos
• Verificação da data da inspeção
• Resultados, comparar com a previsão

Figura 3.5 O "Relatório A3" ("A3 Report"), usado pela Intermountain Healthcare, orienta os funcionários por meio de um rigoroso e sistemático processo de resolução de problemas.

Fonte: Jimmerson C., Weber D., Sobek D.K.II: Reducing Waste and Errors: Piloting lean principles at Intermountain Healthcare. Jt Comm J Qual Patient Saf 31:249-257, maio 2005. Reproduzido com permissão.

Começar com um modelo estabelecido, como o mostrado na Figura 3.5, e literalmente percorrer a pé o processo tornará mais fácil o mapeamento do fluxo de valor.

Aplicando o Ciclo Planejar-Fazer-Estudar-Agir (PDSA). Uma forma de mapear o fluxo de valor do estado futuro é aplicando o ciclo PDSA. Na tentativa de desenvolver um fluxo perfeito de valor de estado futuro, as equipes podem projetar pequenos testes de mudança (planejar), implementar a mudança em uma pequena escala (fazer), comparar o resultado com aquele da corrente de valor de estado atual (estudar), incorporar as revisões necessárias para corrigir o processo (agir) e decidir se o processo corrigido pode ou não se sustentar.

Simplificando a cadeia de valor

Eliminar passos desnecessários, ou que não agregam valor, é a primeira forma de simplificar a cadeia de valor de uma organização. Investigar em busca de formas de estreitar os intervalos entre a sequência de passos, a fim de que um alimente diretamente o próximo também serve para comprimir a cadeia. Essas duas atividades reduzem o tempo de processo e o tempo de concretização (*lead time*). Esses são objetivos valiosos em um sistema *lean*. As equipes que mapeiam as cadeias de valor de estado futuro para conseguir melhorar o desempenho em um sistema *lean* devem pressionar para fazer sempre mais com menos, ou seja, usar menos esforço humano, menos espaço, menos capital e menos tempo para criar um produto ou serviço que seja menos dispendioso e que apresente menos problemas que aqueles fabricados por sistemas empresariais tradicionais. Abreviar o número de passos do fluxo de valor é uma das formas de cumprir as exigências do processo *lean*.

A Tabela 3.1 mostra quatro equipes hospitalares e os resultados positivos obtidos por elas com a eliminação de passos que não agregam valor.

Tabela 3.1

Aplicação de práticas *lean* de atendimento à saúde em quatro grupos de trabalho hospitalar

1. Processo de faturamento do hospital, do recebimento da fatura à transmissão do reembolso ou realização do pagamento

Parâmetro	Estado atual	Estado futuro	Melhoria
Número de passos do processo	16	9	42%
Tempo de processamento (minutos)	86	37	57%
Lead time	5 dias	2 horas	90%

continua >>

continuação

2. Processo de procedimento para endoscopia, da chegada à alta do paciente

Parâmetro	Estado atual	Estado futuro	Melhoria
Tempo de processamento (minutos)	178	131	26%
Tempo de espera do paciente (minutos)	81	11	86%
Lead time (minutos)	260	142	45%

3. Processo de visita ao consultório, da chegada do paciente à conclusão do relatório

Parâmetro	Estado atual	Estado futuro	Melhoria
Número de passos do processo	24	6	75%
Tempo de espera do paciente (minutos)	179	58	68%
Lead time (dias)	34	1	97%

4. Processo de agendamento, do contato com o médico até a consulta

Parâmetro	Estado atual	Estado futuro	Melhoria
Número de passos do processo (minutos)	14	8	42%
Tempo do processo (minutos)	69	18	70%
Lead time (dias)	34	3	90%
Percentual de retrabalho (remarcação de consultas)	25%	2%	92%

Fonte: John C. Long, Healthcare Lean®, Michigan Health & Hospitals, julho/agosto 2003, 55.

Agregando nada mais que valor: cortando o desperdício organizacional

Na ausência de valor, tudo é *muda*. Esse é um princípio básico – praticamente um mantra – do pensamento *lean*, e, como tal, o ponto de partida da conversão de qualquer organização ao sistema *lean*. Reduzir o desperdício é o requerimento fundamental para se chegar ao *lean*.

Usando mapas de fluxo de valor

A identificação do desperdício é um resultado definitivo do mapeamento do fluxo de valor. De fato, ao se dar início a um sistema *lean*, o melhor método de descobrir o desperdício é o mapa do fluxo de valor. Um mapa de fluxo de valor do estado atual é mais do que um esboço dos passos em um processo; trata-se também de um exercício para identificação do desperdício. Isso se dá porque o pensamento *lean* transfere o foco da produção, ou da provisão do atendimento, de departamentos e tecnologias individuais para um fluxo contínuo. Isso significa que o desperdício pode ser eliminado ao longo de toda a cadeia de valor, em vez de somente em pontos isolados, tendo como resultado menos desperdício total e um fluxo aprimorado. O processo da cadeia de valor proporciona a oportunidade de ver como pontos isolados interagem entre si para criar o fluxo, e como essa própria interação pode ser fonte de desperdício.

Projetar, acompanhar e avaliar um fluxo de valor expõe o desperdício. A experiência de participação no mapeamento do fluxo de valor acaba tornando o desperdício algo óbvio. Por que o *lead time* parece tão demorado? Por que o paciente é forçado a esperar enquanto um integrante da equipe busca permissão para transferi-lo para o departamento de radiologia? Por que o paciente precisa passar por três lugares geograficamente separados quando um ponto único não apenas serviria melhor esse paciente como também poderia liberar integrantes da equipe para outras tarefas? Esses tipos de perguntas infalivelmente emergem durante o mapeamento do fluxo de valor. Ainda assim, como em qualquer sistema *lean*, nada é considerado perfeito. O pensamento *lean* requer uma permanente atividade de aperfeiçoamento, que continue a buscar desperdícios em cada um dos processos.

Aprendendo a enxergar o desperdício

Responder a duas questões muito simples pode representar os passos fundamentais iniciais para enxergar e eliminar o desperdício:

1. Esta atividade agrega valor ao processo?
2. O cliente/paciente estará disposto a pagar por essa atividade?

À medida que a organização de assistência à saúde adota o sistema *lean* em mais de uma de suas atividades, seus funcionários vão se tornando cada vez mais adeptos e praticantes da descoberta dos desperdícios. Os membros das equipes começam a realizar suas funções com as duas perguntas básicas em mente. A fim de ajudar nisso, muitos prestadores desses serviços adotam a lista dos sete desperdícios, originalmente desenvolvida pela Toyota como o fundamento de seu sistema de produção para categorizar *muda*:

1. Superprodução (leva a todos os outros desperdícios): produzir muito acima da demanda e em um ritmo mais acelerado que aquele verdadeiramente necessário aos clientes, ou seja, produzir um produto/serviço antes que o cliente tenha necessidade dele.
2. Espera: espera desnecessária por parte de pessoas, equipamentos ou bens em um processo, quase sempre para que a próxima operação tenha início; isso pode acontecer porque a fluidez do processo é inadequada ou as distâncias entre os centros de trabalho são muito grandes.
3. Transporte: movimento desnecessário de produto/serviço em função da disposição física inadequada ou de instalações remotas (por exemplo, três pontos de admissão de pacientes geograficamente separados); o transporte de um produto/serviço entre os processos não agrega valor.
4. Superprocessamento: o processamento com padrão muito acima dos requerimentos dos clientes quase sempre é resultado da utilização de equipamentos de processamento dispendiosos e de alta precisão, em lugar de ferramentas mais simples, a fim de recuperar o custo do equipamento caro (por exemplo, pedir um exame de ressonância magnética quando um exame de raios X ou um simples exame físico podem resolver a questão).
5. Estoques desnecessários: incapacidade de equilibrar o estoque com a demanda; isso é quase sempre o resultado de superprodução e/ou previsão de demanda incorreta (por

exemplo, previsão incorreta de demanda num determinado dia de consultas com médicos, levando os pacientes ao descontentamento); excesso de estocagem também conduz a estoque descartado, já que os remédios têm seus prazos de validade vencidos ou o equipamento é abandonado em função da mudança de tecnologia ou procedimentos.

6. Movimentação: a movimentação supérflua de pessoas ou equipamentos pode tornar-se uma questão de saúde ou segurança para os empregados (por exemplo, o paciente é examinado, conduzido ao laboratório para testes, levado à sala de espera para aguardar os resultados, conduzido ao consultório do médico para o diagnóstico, levado à sala de espera para aguardar a transferência ao setor de tratamento, removido para o centro de tratamento e levado à área de espera para ser liberado); isso também se aplica à movimentação desnecessária que os integrantes das equipes precisam realizar para completar uma tarefa.
7. Defeitos: má qualidade do trabalho; que pode resultar em retrabalho, reconsultas, reexames e descarte de peças defeituosas, sendo que todas essas etapas são gastos supérfluos.[7]

Eliminando o desperdício

Defeito zero é o alvo de muitos sistemas de melhoria do desempenho, entre eles o pensamento *lean*. Pode inclusive parecer um conceito da indústria manufatureira, mas a maioria dos pacientes concordaria que prolongadas esperas, atrasos ou cuidados inadequados são defeitos. Além disso, eles constituem desperdício, que devem ser eliminados para que se concretize um sistema *lean*.

Passar de um sistema tradicional, hierarquizado, para um sistema *lean* irá eliminar, pela própria natureza, algumas das demoras que os pacientes precisam enfrentar. Em um sistema tradicional, o atendimento é realizado em centros especializados, por clínicos especializados utilizando ferramentas exclusivas e dependendo de instalações externas de suporte, tais como laboratórios e farmácias. Cada centro especializado, especialista clínico, equipamento exclusivo e centro de apoio tem alto custo de instalação, manutenção e utilização. Assim, muitas organizações verticalizadas de assistência à saúde precisam usar todas as suas instalações o maior número de vezes possível para recuperar seu investimento financeiro inicial. Isso tem como resultado pacientes sendo levados de um ponto a outro, muitas vezes esperando em filas ou salas de espera até que o centro da especialidade-alvo de sua demanda fiquem disponíveis. O foco, neste caso, está na organização e em suas necessidades, em vez de no paciente.

O processo *lean*, por outro lado, começa com foco no paciente. O paciente não é forçado a se deslocar de departamento em departamento, já que ele próprio é o foco de um fluxo que resolve seu problema do começo até a última etapa numa corrente continuada. Isso só pode ocorrer quando a organização de saúde reorganiza seus departamentos e especialistas individuais, que passam a constituir equipes multidisciplinares. Os integrantes dessas equipes, treinados em uma variedade abrangente de competências, são todos capacitados a dedicar total atenção e oferecer tratamento e cuidado ao paciente até que seu problema seja resolvido. Simultaneamente, as funções de apoio, por exemplo, laboratórios, farmácias e unidades de manutenção de prontuários são reestruturadas para serem mais rápidas, mais flexíveis e mais bem equipadas, a fim de servir a cada equipe de tratamento.

O resultado disso é a eliminação das esperas excessivas, da superlotação dos centros especializados, dos atrasos no tráfego de informações entre os especialistas e dos custos de complicados sistemas de acompanhamento e marcação de consultas; em outras palavras, a eliminação da *muda* e o estabelecimento de um fluxo eficiente de processos.

Quadro 3.4

Identificando o desperdício (*muda)* na assistência à saúde

A muda, *no cenário de assistência à saúde, pode incluir:*

- Espera
- Barreiras ao fluxo (causam demoras entre os passos e uma sequência improdutiva de passos)
- Barreiras à comunicação
- Gargalos (causam demora e isolam responsabilidade e conhecimento)
- Erros
- Correções, retrabalho, reavaliação
- Informação incorreta
- Informação inacessível
- Escassez ou falta de ferramentas ou equipamentos
- Equipamento errado
- Equipamento inapropriado
- Movimentação ineficaz
- Movimentação desnecessária
- Equipamentos ou ferramentas inacessíveis
- Processos inflexíveis (incapacidade de mudar rapidamente para outro produto ou serviço)
- Foco inadequado (foco nas necessidades organizacionais, em vez de nas necessidades dos clientes)

Boa parte desse desperdício pode ser eliminada mediante o emprego de duas técnicas: a dos cinco porquês e a dos *cinco esses* (5S). A primeira foi desenvolvida por Taiichi Ohno e aplicada na Toyota. Consiste em perguntar "por que" cinco vezes ao encontrar um problema, a fim de determinar sua causa-raiz para que soluções eficazes possam ser desenvolvidas e a *muda* possa ser eliminada.

Os 5S são cinco termos que começam com o som de s (em japonês) e definem o controle visual em uma produção *lean*, tal como detalhados no Capítulo 2. (*Ver* "Controle visual" dentro do "Passo 3: Fluxo", no capítulo 2.) A ação básica de manter um lugar de trabalho bem cuidado, ordenado e limpo é um antídoto simples e eficiente contra muitas formas de desperdício no ambiente da assistência à saúde.

Quadro 3.5

O impacto do *lean* na segurança do paciente

É impossível exagerar a necessidade de segurança quando se fala de qualquer cenário de assistência à saúde. A importância da segurança do paciente levou a Joint Commission a decretar que todas as iniciativas de melhoria nos estabelecimentos credenciados de assistência à saúde tenham seu foco na segurança.

Responsabilidade dos líderes

A segurança na assistência à saúde é responsabilidade de todos e parte integrante de cada descrição de função. Mesmo assim, uma organização de assistência à saúde só poderá atingir os mais altos padrões em segurança quando sua cúpula – os líderes – se comprometer abertamente com os mais rígidos padrões de segurança e proporcionar os recursos indispensáveis para capacitar seu pessoal a seguir esses padrões. Não basta incentivar uma cultura de mudança a incorporar os processos do pensamento *lean*; os líderes precisam combinar essa estratégia de melhoria com a exigência de uma cultura de segurança consistente, sustentada e permanente.

Embora a exigência de qualidade nas organizações de assistência à saúde inclua a segurança como objetivo, ela não deve ser considerada apenas parte de um programa de melhoria de desempenho. Os líderes da assistência à saúde precisam insistir para que a segurança do paciente constitua o objetivo prioritário. Ela deve ter prioridade em relação a todos os outros objetivos, e qualquer organização que opere em um sistema *lean* automaticamente estará colocando a segurança como prioridade máxima em decorrência do foco *lean* num ambiente centrado no paciente.

Os líderes precisam fornecer orientação para que sejam cumpridos os padrões de segurança, e devem ser igualmente receptivos ao *feedback* tanto de seus funcionários quanto dos pacientes. É muitas vezes penoso revisar falhas, enganos, erros crassos e tragédias, mas os líderes de qualquer organização de assistência à saúde devem estar sempre prontos e preparados para estabelecer parcerias com aqueles mais intimamente afetados pelas questões de segurança: os pacientes, seus familiares e os funcionários. Uma instituição do ramo, o Dana-Farber Cancer Institute (DFCI), em Boston (EUA), é um exemplo de uma organização que formou conselhos de assessoria a pacientes e famílias que desempenham papel ativo no desenvolvimento, na implementação e na avaliação das práticas de segurança e seu aperfeiçoamento. Esses conselhos dão significativas contribuições ao programa de segurança do paciente do DFCI, por exemplo, os 15 membros do conselho consultivo de pacientes adultos e seus familiares realizam reuniões mensais, e seus copresidentes também participam das reuniões do Adult Oncology Clinical Services Committee, o fórum interdisciplinar da instituição para cuidado de adultos. Os resultados têm sido valiosos para os profissionais do DFCI e gratificantes para os pacientes que utilizam seus serviços.[1]

A abordagem *lean* da segurança do paciente

Um dos aspectos mais benéficos do *lean* é que ele não ignora a segurança, e, pelo contrário, incorpora efetivamente práticas de segurança em sua metodologia. Um desses princípios é a prática *lean* de "interromper a linha de produção". Da mesma forma que ocorre com a maioria dos conceitos *lean*, essa prática originou-se no chão de fábrica da Toyota, onde os líderes de setor sempre insistiram que todos os trabalhadores são também inspetores de segurança. Nesse papel de inspetores, todos os integrantes das equipes possuem poder para interromper o processo quando ocorre algum problema. O Virginia Mason Medical Center (VMMC), em Seattle (EUA), incorporou essa prática como parte de seu programa de segurança. Sempre que ocorre um problema, qualquer funcionário pode interromper o processo, inspecionar a situação e resolver o problema na fonte. Quando a equipe não consegue resolver esse problema no local, a ordem é interromper o processo inteiro e pedir ajuda. No VMMC, qualquer pessoa que descobrir uma situação com potencial para prejuízo dos pacientes deve fazer um relatório imediato por meio de uma central de atendimento 24 horas, e então interromper todas as atividades que possam causar danos adicionais.

O relato do problema tem como reação imediata a presença de administradores ou clínicos responsáveis pelo setor afetado, que devem se dirigir em seguida à área em que o processo foi interrompido.

Seu objetivo é reparar o problema ou interromper o processo, fazer uma análise da causa-raiz e restabelecer o processo tão logo resolvido o problema. Trata-se, definitivamente, de um procedimento de participação ativa; quem quer que seja administrativa ou clinicamente responsável pelo processo em questão vai ao "chão de fábrica", por assim dizer, para determinar se um processo ou paciente precisa ou não ser removido do fluxo, ou se uma correção mais ágil é possível. Os líderes da cúpula administrativa são responsáveis porque têm autoridade para efetuar todas as mudanças necessárias.

Esse tipo de "interrupção do processo" é um típico conceito *lean*. É ágil, reduz o problema aos seus componentes básicos, incentiva soluções rápidas sempre que seguras (pela utilização do pessoal responsável) e proporciona uma fluidez de processo mais suave ao minimizar demoras e problemas cumulativos.

Outro conceito *lean* também proporciona um monitor integrado de segurança, o objetivo do defeito zero. Algumas organizações de assistência à saúde, dentre elas, o VMMC, fazem distinção entre "engano" e "defeito". Enganos, ou erros, são inevitáveis em função da falibilidade humana na prática da saúde. No entanto, enganos podem ser revertidos se detectados e corrigidos antes de chegarem a causar danos. Defeitos são enganos que se tornaram permanentes porque não foram identificados e corrigidos em tempo. Portanto, quanto mais cedo, em qualquer processo, um engano puder ser constatado e corrigido, maior a possibilidade de defeito zero. A revisão, avaliação, inspeção, o mapeamento e a melhoria contínuos, inerentes a um sistema *lean*, ajudam a prevenir que erros transformem-se em defeitos.

Quando há metas de segurança, contudo, é importante recordar que existe uma diferença entre procurar por defeitos ou erros que causam desperdício ou aumentam a duração do processo e por erros que violam os padrões de segurança.

Distinguir entre enganos e defeitos quando se está empenhado numa política de defeito zero só é possível num sistema *lean* no qual os integrantes das equipes sentem-se seguros, sem temor de reprimendas ou de colocar seus empregos em risco ao relatarem erros e defeitos. Embora uma organização *lean* esteja sempre lutando pela perfeição, é imperativo que a perfeição não seja superencorajada a ponto de fazer com que erros deixem de ser relatados pelo temor de represálias ou em função da pressão para ser sempre infalível ou perfeito. A segurança depende do compartilhamento muito franco da informação, para que falhas sérias ou resultados perigosos possam ser contidos antes de causar mal aos pacientes. Gastar o tempo em encontrar culpados não faz parte do pensamento *lean*. Padrões de segurança requerem que processos questionáveis sejam rapidamente interrompidos e não restabelecidos até que a segurança tenha sido assegurada, os erros retificados e os problemas resolvidos. Um sistema *lean* promove essas mesmas metas.

Referência

1. Institute for Healthcare Improvement: Health Care Leaders Leading: A Dana-Farber Cancer Institute Describes the Crucial Role of Leadership in Driving Patient Safety. http://www.ihi.org/IHI/Topics/PatientSafety/MedicationSystems/Literature/HealthCareLeadersLeadingADanaFarberCancerInstituteexecutivedescribes-thecrucial roleofleadershipindriv.htm

Referências

1. Institute for Healthcare Improvement: Leading System Improvement. http.//www.ihi.org/IHI/Topics/Leading SystemImprovement.
2. Institute for Healthcare Improvement: Going Lean in Health Care. Innovation Series 2005. http:/www.ihi.org/NR/rdonyres/F4El4084A-6297-44DB-8A78-75908F6DA7A1/0/GoingLeaninHealthCareWhitePaper.pdf.
3. Yelton A.M., Making the Journey Toward Cultural Change in Healthcare. http//healthcare.isixsigma.com/library/content/c050302a.asp.
4. Womak J.P., Jones D.T.: Lean Thinking: Banish Waste and Create Wealth in Your Corporation, 1st Free Press ed., rev. e atualizada. Nova York: Free Press, 2003. Edição original, Nova York, Simon & Schuster, 1996.
5. Joint Commission Resources: Overcoming Performance Management Challenges in Hospitals. Oakbroak Terrace, IL: Joint Commission on Accreditation of Healthcare Organizations, 2005.
6. McAuliffe J., Moench T., Wellman J.: Lean Leadership: Three phases of development. H&HN Online, 22 fev 2005. http://www.hospitalconnect.com/hhnmag/jsp/articledisplay.jsp?dcrpath=HHNMAG/PubsNewsArticle/data/050222HN_Online_McAuliffe&domain+HHNMAG.
7. McBride D: The 7 Manufacturing Wastes. EMS Consulting Group. 29 ago 2003 (atualizado em 2/09/2003). http://www.emsstrategies.com/dm090203article2.html.

Enfrentando os desafios do *lean* em uma organização de assistência à saúde

4

Em vários sentidos, o pensamento *lean* é um conceito revolucionário – tão revolucionário que alguns líderes do setor da assistência à saúde o encaram com ceticismo. Isso porque, entre outros fatores, ele exige um radical rompimento com o sistema de pensamento tradicional de gestão, uma mudança que abandona a liderança vertical em benefício do fluxo de processo horizontal. Ele se baseia numa cultura centrada no cliente/paciente, transferindo o foco de todos os participantes do processo para o enfrentamento e a concretização dos objetivos da organização, em vez de proteger territórios individuais.[1] Por sua própria natureza, para ser eficaz, o pensamento *lean* afeta todas as atividades no cenário da assistência à saúde.

Não chega a ser surpresa, então, que os líderes e o pessoal da assistência à saúde se mostrem, na pior das hipóteses, desconfiados, e na melhor delas, neutros, quando pela primeira vez confrontados com a possibilidade da adoção de um sistema de pensamento *lean* em suas organizações. Na superfície, pode parecer apenas mais um dentre tantos outros programas de melhoria de desempenho, tendo como característica mais notável a de parecer difícil demais para poder ser adotado.

Como é possível que haja dúvidas a respeito da tentativa de adoção dessa metodologia de melhoria da qualidade, os líderes do setor realmente comprometidos com os princípios *lean* deveriam fazer todo o possível para encarar essas preocupações. Embora muitas das dúvidas relacionadas possam ter origem em concepções equivocadas a respeito do *lean*, muitas delas são legítimas, ao menos pelo ponto de vista de quem está em dúvida.

Desafios comuns da implementação do *lean*

A indústria da assistência à saúde passou por mudanças aceleradas nos últimos 20 anos. A transformação tecnológica da assistência à saúde nos Estados Unidos, a mudança para sistemas de pagamento prospectivo pelo Medicare e os custos crescentes do fornecimento dos serviços obrigaram as instituições do setor a dar maior atenção à redução dos custos e menor atenção à implementação de processos de qualidade baseados em equipes, como um meio de concretizar essas economias. Considerações financeiras, mais do que de qualidade, muitas vezes orientam a indústria da assistência à saúde. Nos casos em que essa mentalidade já se arraigou, mudar para um sistema de pensamento *lean* pode não ser do interesse dos envolvidos.

Ironicamente, uma das razões pelas quais incorporar os princípios *lean* em uma organização de assistência à saúde pode parecer atraente decorre justamente do papel dos líderes do setor na organização. São frequentes os casos em que ninguém se dá conta da existência de um problema justamente porque a organização não possui com dados significativos para ajudar a identificar que existe – já instalado ou com potencial para tanto – um problema no processo. Assim, muitos dos problemas numa organização de assistência à saúde são de fato criados pelas decisões de alto nível tomadas sem que exista uma sólida compreensão do impacto que eles terão nos processos de trabalho e no uso do tempo por parte das equipes.[2] (Cabe ressaltar que, nas instituições que adotaram o pensamento *lean*, o desperdício e as ineficiências resultantes de decisões superiores adotadas com base em informações deficientes foram rapidamente identificados e erradicados.) No plano ideal, os líderes seniores deveriam reconhecer esses tipos de problemas e delegar à equipe a responsabilidade e os recursos necessários para o autogerenciamento capaz de satisfazer as metas da organização. No entanto, as mesmas pessoas que tomaram as decisões, para completar a confusão, em geral não reconhecem a solução.

A Tabela 4.1 apresenta um cronograma geral para a implementação do processo *lean* em uma organização de assistência à saúde.

Esses exemplos são apenas alguns dos desafios enfrentados pelas organizações de assistência à saúde que buscam incorporar o pensamento *lean* como ferramenta de melhoria de desempenho. A liderança organizacional deve estar preparada para enfrentar e resolver outros tipos de desafios e resistências.

Tabela 4.1

Cronograma da transição para o *lean*

FASES	PASSOS ESPECÍFICOS	DURAÇÃO PREVISTA
Início	• Encontrar um agente de mudança • Obter conhecimento lean • Encontrar uma alavanca • Mapear cadeias de valor • Começar o kaikaku • Expandir seu escopo	Seis meses iniciais
Criação de uma nova organização	• Reorganizar por famílias de produtos • Criar uma função *lean* • Desenvolver uma política para excesso de pessoal • Desenvolver uma estratégia de crescimento • Afastar os fixadores de âncoras • Instilar uma mentalidade de "perfeição"	De seis meses até o decorrer do segundo ano

continua >>

continuação

Instalação dos sistemas de negócios	• Introduzir a contabilidade *lean* • Implantar a remuneração por desempenho da empresa • Implementar a transparência • Iniciar o desdobramento das políticas • Introduzir o aprendizado *lean* • Descobrir as ferramentas adequadas	Terceiro e quarto anos
Conclusão da transformação	• Aplicar esses passos aos seus fornecedores/clientes • Desenvolver uma estratégia global • Substituir a melhoria de cima para baixo para a de baixo para cima	Ao final do quinto ano

Reproduzido sob licença de The Free Press, divisão do Simon & Schuster Adult Group,
de The Lean Thinking: Banish Waste and Create Wealth in Your Organization, por James P. Womack e Daniel T. Jones.
Copyrigh © 1996, 2003 por James Womack e Daniel Jones. Todos os direitos reservados.

Melhorando por meio do pensamento lean

A segurança é a prioridade máxima em qualquer organização de assistência à saúde, independentemente da metodologia para melhoria do desempenho adotada. Entretanto, em função da abordagem radicalmente diferente do *lean* quanto ao desempenho, alguém poderia supor que sua meta de perfeição -buscar continuadamente aperfeiçoar o fluxo dos processos - enfatize a qualidade e a melhoria do desempenho em detrimento da segurança dos pacientes e das equipes de trabalho.

À medida que os líderes da área de assistência à saúde se familiarizam com o pensamento *lean*, eles constatam que um dos seus três princípios básicos é a insistência em manter um ambiente focado no cliente. Fornecer aos clientes/pacientes aquilo que desejam, quando o desejam, está embutido no centro do pensamento *lean*. E isso implica em oferecer serviços e tratamento seguros, porque aquilo que o paciente deseja, necessita e, acima de tudo, espera ter é uma garantia de segurança. Ao mesmo tempo, o que os clientes internos - os clínicos, os funcionários e os administradores da assistência à saúde - desejam, precisam e esperam poder fornecer é uma assistência à saúde segura.

Além disso, como discutido no Capítulo 3, o pensamento *lean* trabalha visando a uma política de defeito zero e à prática de "parar o processo", ambos fatores que aperfeiçoam a segurança. Uma política de defeito zero instiga o pessoal interno a buscar erros ou defeitos que possam representar violações dos padrões de segurança. Descobrindo-se algum defeito, os funcionários dispõem de poder para deter o processo até que o defeito seja eliminado ou consertado, o que constitui outra salvaguarda.

De todas essas formas, os princípios do pensamento *lean* promovem inerentemente a segurança do paciente, já que, segundo sua filosofia metodológica, é impossível aperfeiçoar a qualidade sem que se aperfeiçoe a segurança.

Dúvidas da liderança sobre a implementação do *lean*

Dada a imensa diferença entre os passos do pensamento *lean* e os de outros tipos de planos de melhoria, muitos líderes do setor de assistência à saúde ficam em dúvida quanto às possibilidades de sucesso dessa mudança no seu ambiente. Na verdade, não faz muito tempo, a opinião da maioria era que, por ser a assistência à saúde tão complexa e com tanto fatores humanos variáveis, seus líderes não teriam condições de quantificar o atendimento nem de avaliar o grau da melhoria.[3]

Em algumas organizações, da mesma forma, persiste um sentimento generalizado de que o cuidado com a saúde é uma profissão assistencial e que, por esse motivo, não há como discutir avaliações de desempenho. Debates complexos sobre desempenho das equipes, decisões e responsabilizações não teriam, portanto, guarida nas reuniões da organização.

Os líderes da assistência à saúde sabem agora que esses argumentos não são válidos. A comunicação honesta e transparente com os pacientes, e entre os componentes da equipe organizacional, sobre valores, processos, decisões e responsabilidades pelo desempenho são vitais para se manter uma organização de assistência à saúde viável e competitiva. O pensamento *lean* incentiva esse tipo de comunicação e interação. Melhor ainda, o pensamento *lean* gira todo em torno da qualidade e da avaliação da melhoria. Os passos individuais no processo *lean* proporcionam contínuas e permanentes avaliações de segurança, qualidade, eficiência e cumprimento de metas.

Os líderes da assistência à saúde, contudo, podem ainda hesitar quanto à viabilidade de adotar um sistema de pensamento *lean* nas suas organizações. Seus métodos são tão diferentes daqueles do pensamento gerencial tradicional que muitos líderes questionam se suas organizações estão devidamente preparadas para empreender uma mudança tão radical. Pode ser útil lembrar que adotar uma mudança inovadora em operações – uma mudança fundamental de processo que é mais do que apenas uma melhoria – não significa necessariamente mudar os procedimentos clínicos, mas, em vez disso, a estrutura administrativa em que estão inseridos.

Distância entre a assistência à saúde e as origens industriais do lean

Quanto maior a distância entre uma indústria e as origens fabris do *lean*, tanto mais vagos os métodos parecem e mais confusos ficam os gestores sobre a definição exata de *lean*, destaca James P. Womack.[4] Ainda assim, continua Womack, qualquer empresa é um conjunto de processos que cria valor para seus clientes e pode, por isso mesmo, funcionar com um sistema *lean*. A confusão ocorre quando uma indústria de apoio ou serviço confronta o fluxo horizontal, no qual cada processo passa simultaneamente por mais de uma área, departamento, função ou unidade. Parece mais fácil visualizar o fluxo horizontal como parte de uma operação de produção em que matérias-primas vão sendo convertidas em um produto físico.[5]

Entretanto, os projetos de processos da Toyota concentram-se em estabelecer ligações claras entre os representantes e os fornecedores dos produtos/serviços (especificar valor), especificando atividades de trabalho (identificar a cadeia de valor) e simplificando os rumos da produção de bens e serviços (fluxo). Esses processos não apenas definem a situação ideal de trabalho como também capacitam o pessoal a identificar oportunidades para melhorias. Além disso, a Toyota constatou que os mesmos passos devem ser dados da mesma forma em todas as oportunidades, a fim de que se obtenha o mesmo resultado – em outras palavras, a padronização do trabalho é a chave dos bons resultados.

Numa organização de assistência à saúde, os profissionais podem resistir à padronização por seu histórico de autonomia. Cada um pode usar um processo ou procedimento individualizado com o qual se sente à vontade para trabalhar. A padronização dos procedimentos, no entanto, promove a segurança e elimina o desperdício. Os integrantes da equipe não precisam aprender múltiplas maneiras de realizar procedimentos para satisfazer as requisições de um determinado clínico, nem precisam aprender a operar diferentes partes de equipamentos que fazem o mesmo trabalho.

O raciocínio que apoia esse processo pode funcionar igualmente bem no chão de fábrica do setor automobilístico quanto em um centro de assistência à saúde. Na verdade, os princípios e as ferramentas de trabalho da Toyota são aplicáveis não apenas à assistência à saúde, mas também a uma variedade de locais de trabalho, desde o setor de admissão de pacientes de um hospital até os departamentos de contabilidade e as editoras. A padronização, de maneira especial, pode ser aplicada a qualquer tarefa que seja realizada repetidamente e com determinada frequência.

Relutância em adotar um modelo industrial

O pensamento *lean* tem encontrado dificuldades de aceitação em algumas áreas da indústria de assistência à saúde dos Estados Unidos, pois muitos líderes e gestores entendem que as ferramentas e princípios do *lean* têm sua utilidade restrita às operações de produção industrial. Os clínicos costumam relutar em usar o *lean* justamente pelo fato de verem nele um modelo exclusivamente industrial.

Uma forma de conquistar aceitação no campo da assistência à saúde é elaborar um programa-piloto de aprendizado *lean* em determinada área da organização. Isso começa pelo treinamento de um pequeno grupo de pessoas para serem especialistas no pensamento *lean*. Uma vez treinados, esses integrantes das equipes se tornam defensores do *lean* e conseguem demonstrar seus sucessos para o resto da organização. Provas visíveis do sucesso do *lean* no programa de aprendizagem transforma-se com frequência em uma poderosa ferramenta de venda do método. O grupo de especialistas transforma-se, de fato, nos agentes da mudança para o restante da organização.

Porém, a aceitação do sistema por todos depende, em última análise, do comprometimento e apoio da liderança. Os líderes precisam estudar e praticar o pensamento *lean* a fim de entender seu propósito e sua aplicabilidade na organização. Quando isso torna-se claro, sua função passa a ser a de apoiar e orientar a implementação do *lean* ao longo de toda a organização.

Resistência do pessoal da linha de frente à mudança imposta

Toda mudança radical em um ambiente de trabalho pode transformar-se em causa de resistência e/ou ressentimento por parte dos empregados, e a gerência precisa estar preparada para essa eventualidade. Contudo, se o *lean* for introduzido de forma positiva, a maioria dos componentes da linha de frente logo começará a enxergar as vantagens, não apenas para a organização, mas para eles também. Caso seja apresentado adequadamente, o pensamento *lean* não precisará ser imposto a ninguém.

O centro de assistência à saúde Intermountain Healthcare (IHC), de Salt Lake City (EUA), constatou que três fatores contribuíram para o sucesso da implementação do pensamento *lean*.

Em primeiro lugar, durante a etapa de treinamento, os integrantes da linha de frente da equipe começaram a examinar seu próprio trabalho com uma nova visão e, assim, passaram a enxergar o desperdício e os gargalos com os quais costumavam conviver em suas atividades diárias. Descobriram, então, que aquilo que consideravam parte do trabalho poderia ser redefinido, ou até mesmo eliminado, para maior produtividade.

O segundo fator originou-se do primeiro. Os integrantes da linha de frente tornaram-se entusiastas da necessidade de identificar o desperdício e de aperfeiçoar seu trabalho. Seu *input* para a situação atual e a aceitação, pela gerência, de suas ideias para a melhoria foram motivadores significativos para os demais integrantes do pessoal. O pensamento *lean* proporcionou um sistema consistente e confiável que tornou possível para os integrantes da equipe aperfeiçoar e agilizar seu próprio trabalho e eficiência.

Em terceiro lugar, como o pensamento *lean* exige uma comunicação franca e transparente e um compartilhamento de informações entre os departamentos e as unidades participantes no Intermountain, o pessoal foi capaz de resolver algumas questões interdepartamentais com objetividade. O resultado disso pôde ser constatado na subsequente melhoria do fluxo de processos e na melhor identificação das necessidades tanto do pessoal quanto dos pacientes. A Tabela 4.2 mostra cinco exemplos de problemas que o Intermountain identificou, as melhorias que introduziu para solucionar cada um deles e os benefícios mensuráveis que observou como resultado.

Por outro lado, é frequente a inexistência de uma estrutura de apoio para dar sustentação à implementação desses princípios. Assim como ocorre com cada aspecto da implementação do pensamento *lean* em uma organização, o comprometimento e o suporte da liderança em relação aos incentivos e à delegação de poder ao pessoal são cruciais para o sucesso. Quando a liderança não oferece suporte e exemplo, o pessoal da linha de frente acaba fracassando na tentativa de desenvolver um verdadeiro comprometimento com as missões, metas e filosofias da organização. Isso pode acontecer quando as metas são proclamadas na convenção anual da organização e depois deixam de ser implementadas nas operações do grupo. O pessoal perde naturalmente o interesse quando a liderança mostra-se vaga ou inconsistente em relação ao suporte das metas proclamadas, ou quando as metas proclamadas não se relacionam diretamente com o trabalho dos funcionários. Acima de tudo, os componentes da linha de frente podem resistir a um novo sistema quando sentem que não têm participação no andamento do processo.

Tabela 4.2

Exemplos de melhorias nos processos do Intermountain Healthcare

PROBLEMA IDENTIFICADO	MELHORIA REALIZADA	ECONOMIA / BENEFÍCIO
Novos pedidos de medicamentos durante os plantões chegavam com atraso (às vezes de até 4 horas).	Encaminhar pedidos de novos medicamentos durante os plantões com um *laptop wireless*.	• Redução do tempo de tratamento de 4 horas para 12 minutos. • Diminuição da fila de pedidos na farmácia. • Redução do número de passos desde a prescrição até o encaminhamento do pedido à farmácia.

continua >>

continuação

Enfermeiras compartilhavam um Glucometer® (glicosímetro), na UTI com a maioria dos pacientes em tratamento intensivo de insulina. Isso causava atrasos, interrupções, e até mesmo algumas amostras sem identificação.	Instalação de glicosímetros em cada quarto na UTI.	• Redução do tempo de verificação de glicose de 17 para 4 minutos. • Aumento da capacidade de implementar consistentemente o protocolo. • Nenhuma amostra sem rótulo, eliminando-se o risco de erro de identificação. • Redução das interrupções da enfermagem e de frustrações.
O encarregado da unidade era interrompido quando recebia novas ordens do médico.	Criação de uma área isolada para receber a prescrição de medicamentos pelos médicos, nos horários de maior pico.	• Redução dos atrasos no tratamento (de cerca de 43 minutos para 10 minutos).
Novos pedidos frequentemente perdidos e documentação incompleta no setor de emergência em função dos gráficos mal localizados.	Melhoria do processo de fluxo dos gráficos com sinais claros para cada posto.	• Melhoria no índice de gráficos completados (aumento de 60% dos gráficos completados) • Diminuição do tempo perdido na busca dos gráficos e da consequente frustração que isso acarretava. • Melhoria na exatidão e no tempo para o faturamento.
Processamento de cheques em papel/expedição semanal. Esse trabalho vinha se arrastando havia vários meses.	Implantação do pagamento eletrônico aos grandes fornecedores.	• Economia de US$ 849 mil/ano com a concessão de descontos quando o pagamento é feito por meio eletrônico a um grande fornecedor. • Economia de US$ 125 mil/ano com gastos com o correio.

Fonte: Jimmerson C., Weber D., Sobek D.K. II: "Reducing waste and errors: Piloting lean principles at Intermountain Healthcare". Jt. Comm. J. Qual. Patient. Saf. 31:249-257, maio 2005.

Soluções para os desafios da implementação do *lean*

Tanto os funcionários quanto os líderes das equipes precisam entender claramente de que forma um programa de melhoria de desempenho relaciona-se com a missão proclamada, a visão e os valores da organização de assistência à saúde, antes de se aplicar o programa às suas operações. Essa é a única maneira pela qual a administração e o pessoal podem se preparar para enfrentar e sobrepujar os desafios implícitos na implementação de um novo sistema de melhoria do desempenho, especialmente um sistema tão diferente do pensamento tradicional quanto o é o pensamento *lean*.

O propósito está no centro da declaração de missão que constitui a razão da existência de uma organização e a definição daquilo que realiza. É importante lembrar que uma missão raramente muda depois de ter sido estabelecida, pois aquilo que uma organização de assistência à saúde faz raramente muda. Como uma organização concretiza aquilo que faz, no entanto, é algo que está sempre mudando em resposta a forças externas e internas. Avaliar a eficiência dos processos e melhorá-los de acordo com as necessidades são formas pelas quais a organização se mantém fiel ao seu propósito, e os líderes frequentemente precisam lembrar aos integrantes de suas equipes que a única maneira de reagir às necessidades em mudança e concretizar sua missão é recriar a forma como desempenham seus deveres, de maneira contínua.

É por isso que os líderes precisam responder e superar os desafios quanto às formas de realizar o trabalho da organização, por nenhuma outra razão além de permitir que a organização desempenhe sua missão sob as melhores circunstâncias possíveis. Para alguns líderes do setor da saúde, isso é encontrado no modelo do pensamento *lean*.

Orientação passo a passo em atividades que criam valor

A fim de esclarecer qualquer confusão e possibilitar uma observação direta do modo como o *lean* funciona nas organizações de assistência à saúde, os líderes devem fazer cópias de um piloto do processo *lean* e orientar o pessoal, passo a passo, ao longo desse processo. Isso pode se dar no âmbito de um programa-piloto na organização ou em sessão de treinamento com especialistas *lean*.

Melhor ainda, visitas a organizações *lean* constituem uma oportunidade de observar os princípios *lean* em um ambiente real de trabalho. Alguns líderes da saúde selecionam uma planta fabril próxima de sua organização que venha operando há alguns anos sob um sistema *lean*. Dessa forma, os trabalhadores na assistência à saúde vivem a experiência do sistema *lean* na prática, em uma atmosfera que tenha incorporado plenamente seus princípios. Outros podem optar por visitar outra organização de assistência à saúde que use o pensamento *lean*. Em ambos os casos, os visitantes podem observar princípios *lean* que se aplicam a ambos os ambientes.[6]

Ambas as atividades acima citadas – instituir um programa-piloto ou visitar uma organização *lean* – são excelentes complementos à leitura de relatórios sobre os sistemas *lean* em ambientes de assistência à saúde. Os integrantes das equipes precisam ver pessoalmente as atividades e as interconexões dentro do fluxo de um processo. Só então eles poderão saber como julgar se uma atividade agrega valor ou é apenas um desperdício.

Aquelas organizações que não têm nem o tempo nem os recursos necessários para estabelecer um programa-piloto ou para visitar um empreendimento *lean* admitem tacitamente que não estão prontas para concretizar a mudança. Contudo, elas ainda podem convidar um consultor para conduzir cursos internos e simulações de processos *lean*. O tradicional método japonês é usar o *sensei*, professor especializado em conduzir seus alunos ao longo das diversas etapas do processo *lean* fazendo perguntas. Muitas organizações, inclusive algumas do setor de saúde, usam *sensei* tanto inicialmente, para implementar um sistema *lean*, quanto para o seu acompanhamento, sempre que surge essa necessidade.[7]

Existem também *workshops* e programas de treinamento que ensinam aplicações *lean*, e alguns deles inclusive oferecem exercícios e especializações na prática.

Reconhecimentos e recompensas

Muitas organizações *lean* chegaram à conclusão de que reconhecer e recompensar os funcionários da linha de frente que não apenas aceitam um desafio no trabalho como também buscam ativamente fazer com que um sistema novo funcione da melhor maneira são práticas que promovem a eficiência e elevam o moral. Para surtir efeito em qualquer organização, de assistência à saúde ou de outros setores, o pensamento *lean* precisa ser entusiasticamente adotado pelo pessoal. Não se trata de uma dificuldade de grandes proporções, pois uma das premissas do pensamento *lean* é a delegação de poder aos funcionários. Aqueles que entendem que podem controlar seu trabalho e que têm oportunidades de oferecer contribuições são, normalmente, defensores ardorosos do *lean*.

Ainda assim, para sustentar um alto nível de entusiasmo do pessoal e uma disposição de trabalhar continuadamente no sistema *lean* para melhorar os resultados e cumprir as metas, a liderança da assistência à saúde precisa formular maneiras de destacar e recompensar aqueles funcionários com altas contribuições ao processo. Existem muitas formas de chegar a isso: comunicados em reuniões de equipe, cartas ou notas de elogios, ou até mesmo bônus financeiros. Por outro lado, em um ambiente *lean*, algumas formas de se fazer isso devem ser evitadas, como reconhecer indivíduos em vez de equipes, alçar indivíduos talentosos a posições de gestão ao mesmo tempo em que outros que contribuem para o sucesso da equipe são ignorados, ou discriminar subjetivamente em matéria de promoções, treinamento ou salários.

Portanto, um sistema apropriado de reconhecimento e recompensa aos integrantes da equipe deveria ser incluído como parte da instalação de um sistema *lean*. Como o processo *lean* depende em alto grau da produtividade do empregado, seria um desserviço negligenciar esta forma direta de incentivar o moral e o entusiasmo da equipe.

Pesquisando histórias de sucesso do lean

Investigar a implementação do *lean* em outras organizações de assistência à saúde pode ser ao mesmo tempo fonte de inspiração e de informação. Existem inúmeras organizações de assistência à saúde, grandes ou de menor porte, instalações individuais ou consórcios regionais, que experimentaram enorme sucesso na utilização do sistema *lean*. Parece contraproducente repetir sua curva de aprendizado e seus correspondentes erros de percurso. Muitas delas mostram-se dispostas a compartilhar suas experiências e seu conhecimento sobre o sistema.

Existe também uma vasta bibliografia de ensaios e publicações, bem como informações na internet, sobre o pensamento *lean* e sua aplicação à assistência à saúde. O Apêndice C deste livro apresenta dezenas de recursos selecionados não apenas sobre aplicações do pensamento *lean* na assistência à saúde, mas sobre muitos dos tópicos discutidos ao longo deste livro. Muitas dessas fontes proporcionam contatos com indivíduos dispostos a descrever sua experiência com o pensamento *lean*. Repetindo, pesquisar essas fontes pode economizar tempo precioso e proporcionar respostas a muitas dúvidas.

Algumas organizações de atendimento à saúde, à medida que começam a aplicar princípios *lean* às suas estruturas, formam uma rede com outras organizações da área, entre elas centros de reabilitação, clínicas ambulatoriais e serviços de assistência de longo prazo. Com uma pequena adaptação criativa, lições aprendidas em um determinado ambiente podem ser muitas vezes aplicadas em outros, como demonstrado no Quadro 4.1.

Explorando a tecnologia para implementar o lean

Muitas vezes é difícil para as equipes de trabalho mensurar, analisar e aprimorar processos *lean* e seus resultados sem algum tipo de suporte tecnológico. Por isso, a administração precisa sempre avaliar e abordar com realismo as necessidades da organização em matéria de tecnologia.

Quanto melhores as informações coletadas, melhor a equipe conseguirá planejar os passos do processo do pensamento *lean*. A coleta apropriada de dados, por exemplo, ajuda a definir a demanda real por um produto/serviço. Isso, por sua vez, garante o funcionamento adequado do sistema puxado na metodologia *lean*, pois evita a inexatidão e a ineficácia da demanda prevista.[8] Além disso, uma organização sempre deve explorar e utilizar métodos tecnológicos adequados para monitorar todos os passos do processo *lean*, a fim de assegurar-se de que todo o desperdício foi efetivamente eliminado.

Em um nível mais específico, as organizações de assistência à saúde há muito tempo usam o computador para armazenar e recuperar informações. Por exemplo, um sistema eletrônico de prescrição de medicamentos ajuda os clínicos a completar seu trabalho pois permite que enviem pedidos diretamente ao pessoal encarregado de colocar as instruções em prática. Uma certa organização de assistência à saúde inclusive solicita aos seus clínicos que escrevam e encaminhem as receitas de medicamentos diretamente à farmácia durante o atendimento de seus pacientes. Outros exemplos das vantagens da tecnologia em um ambiente de assistência à saúde são os procedimentos de admissão informatizados, a automação dos passos de determinados processos e sistemas assistidos por tecnologia em áreas de apoio, como emissão de contas, serviço de alimentação e manutenção das instalações. Algumas organizações utilizam também pontos de automação tecnológica para construir modelos funcionais das instalações, mediante os quais elas simulam um processo de produção destinado a constatar o que realmente funciona e o que não dá resultados.

Quadro 4.1
As vantagens da colaboração

Estudar outras indústrias pode ser muito útil. Tanto a indústria manufatureira quanto outras indústrias de serviços vêm implementando o *lean* há mais tempo que o setor de assistência à saúde. Aderir e participar de grupos locais de negócios pode capacitar o pessoal da assistência à saúde a entrar em rede e a aprender com as empresas de alto desempenho na comunidade. Em certa ocasião, uma instituição de assistência à saúde e uma indústria manufatureira uniram forças para concretizar resultados que se revelaram benéficos a ambas. A General Motors (GM) e o Detroit Medical Center (DMC) colaboraram para estabelecer um sistema *lean* no DMC. A GM ofereceu sua experiência com o *lean* para ajudar o DMC a desenvolver um sistema *lean* na organização médica, a fim de que a projetada melhoria em eficiência pudesse ajudar a reduzir as despesas da GM com a assistência à saúde dos seus empregados.[1]

O DMC trabalhou em estreita colaboração com a GM para desenvolver um modelo *lean* customizado para os serviços de atendimento médico. Isso teve como resultado não apenas uma melhoria nos serviços do DMC, com um ambiente focado no paciente, mas também uma íntima colaboração entre DMC e GM. Tanto a instituição de saúde quanto a fabricante de automóveis chegaram, com isso, ao entendimento pleno das condições e dos problemas de trabalho uma da outra. Uma vantagem adicional para o DMC foi a oportunidade de examinar o fornecimento de assistência à saúde por uma perspectiva diferente daquela das ideias padronizadas anteriormente.

Nos últimos seis anos, mais de 22 equipes interfuncionais, envolvendo 320 funcionários, foram organizadas no DMC. As equipes frequentam *workshops* intensivos de três dias, a fim de aprenderem a aplicar os princípios *lean* num ambiente de assistência à saúde. Os *workhops* envolvem desde integrantes da cúpula administrativa até o pessoal da linha de frente. Sua meta principal é criar especialistas em proporcionar segurança e bons serviços aos pacientes ao mesmo tempo em que o desperdício é eliminado e os processos são reduzidos. Nem o DMC nem a GM entendem que a redução de processos signifique redução de empregos; a ideia central é criar uma força de trabalho multidisciplinar que funcione com eficiência.

Logo após a conclusão de cada um desses *workshops*, a equipe continua reunindo-se a intervalos regulares para discutir problemas, gargalos e realizações. À medida que as equipes de assistência à saúde tornam-se mais eficientes e sentem-se mais à vontade com os métodos *lean*, elas reduzem sua dependência em relação à GM. Cedo ou tarde, as equipes do DMC tornam-se autossuficientes e independentes.

Tanto o DMC quanto a GM sentem-se gratificados com a melhoria produzida por esse empreendimento colaborativo. Na sala de emergência, o pessoal reduziu o tempo de espera e racionalizou o fluxo de pacientes. Um processo de registro nos leitos permitiu que os pacientes recebessem tratamento com maior rapidez, e o departamento de cirurgias está padronizando os processos, a fim de eliminar o excesso de burocracia e as consequentes demoras.

Referência

1. *Kolodziej J.H.:* The lean team. *Mich Health Hosp 37:24-26, jan-fev 2005*

Engajamento do pessoal

Para que o *lean* tenha sucesso, as equipes de funcionários precisam ter poder sobre as ferramentas de tomada de decisão, de mudança ágil e de progresso a longo prazo. O uso, pelo *lean*, de equipes multidisciplinares é o primeiro passo rumo à concretização dessas metas. Estabelecer tais equipes, por sua vez, requer treinamento para desenvolver um grupo de trabalho com perspectivas mais amplas e poucas restrições decorrentes da especialização.

A organização *lean* é uma instituição de aprendizado. Os integrantes das equipes precisam ter a capacidade de analisar o que estão fazendo e, então, indagar se a abordagem em uso está alcançando os resultados pretendidos. Isso implica que a equipe conte com um grande nível de conhecimento e responsabilidade. Em tais situações, os membros da equipe não estão mais trabalhando sob um sistema imposto, pelo contrário, estão ajudando a criar, modificar e administrar o processo.

A aspiração de muitos componentes das equipes é assumir um papel mais ativo e a responsabilidade por uma operação bem-sucedida, com resultados visíveis e palpáveis. Afinal de contas, são eles que fazem a assistência à saúde e, nessa condição, precisam saber se estão capacitados a oferecer cuidados com segurança em um sistema bem administrado. Sua aceitação entusiástica da responsabilidade e sua disposição para contribuir para o sucesso da organização são dois dos maiores ativos do *lean*.

Quadro 4.2

O jeito *lean* de resolver um problema

As enfermeiras de uma unidade de tratamento intensivo (UTI) que cuidavam, principalmente, de pacientes em tratamento à base de insulina identificaram um problema básico que interferia em seu trabalho de prover o atendimento adequado para ajudar cada um desses pacientes a obter controle do diabetes.

A unidade dispunha de um único glicosímetro, a ser compartilhado por todas as enfermeiras e demais funcionários.

Isso resultava em esperas para usar o glicosímetro, atrasos causados pela procura de alguma peça do equipamento e interrupções para discutir a localização ou a última utilização do equipamento.

As esperas, os atrasos e as interrupções constituíam não apenas obstáculos ao indispensável tratamento correto dos pacientes e à obtenção de resultados satisfatórios, mas também atividades inúteis que precisavam ser eliminadas. A solução foi equipar cada quarto da UTI com um glicosímetro exclusivo.

Com a colocação dessa ferramenta em cada quarto da UTI, o tempo empregado para completar uma verificação de glicose baixou de 4 horas para apenas 17 minutos. A eliminação de todo esse tempo de demora e espera melhorou radicalmente a regularidade e a consistência da realização do tratamento. Além disso, o equipamento adicional serviu como prevenção do risco de segurança que a situação anterior representava, com seus prejuízos ao controle do diabetes.

As próprias enfermeiras beneficiaram-se com a consequente redução das interrupções, dos atrasos no trabalho e da frustração pessoal que tudo aquilo acarretava. Ao especificar a necessidade dos pacientes e identificar o gargalo que interferia no processo, as enfermeiras conseguiram corrigir o problema aumentando o número de glicosímetros, melhorando o cuidado aos pacientes e eliminando os atrasos que caracterizavam os desperdícios. Quando um fluxo estável de processo foi estabelecido, os pacientes e o pessoal se beneficiaram, simultaneamente, com o procedimento mais seguro e mais eficiente ali implantado.[1]

Referência

1. *Jimmerson C., Weber D., Sobek D.K. II: Reducing waste and errors: Piloting lean principles at Intermountain Healthcare.* Jt Comm J Qual Patient Saf *31:249-257, maio 2005.*

Tornando-se *lean*

O histórico do pensamento *lean* nos setores de produção e serviços da indústria tem demonstrado tamanhas possibilidades que seria aconselhável que mais líderes de organizações de assistência à saúde se dedicassem a investigar o processo à luz dos objetivos e padrões de suas próprias empresas. Os líderes da assistência à saúde podem começar sua análise examinando três passos básicos necessários para transformar uma organização do setor em um empreendimento *lean*.

Colocar os processos no foco da organização

O *lean* se preocupa com processos, especificamente processos que abrangem o fluxo integral de um produto, do começo ao fim. O *lean* busca nas equipes da linha de frente, em vez de nas divisões hierarquizadas da gestão, elementos capazes de projetar, orientar, corrigir e manter o fluxo do produto/serviço até a sua desejada conclusão. Mais importante, o foco *lean* está nos clientes, tanto externos quanto internos, que especificam o que desejam e precisam, e para quando desejam e precisam.

Devido à ênfase em processos fluentes, o *lean* localiza e elimina qualquer desperdício que não agregue valor ao produto/serviço. Essa racionalização aperfeiçoa o fluxo e remove gargalos e barreiras que estejam eventualmente entravando o trabalho da equipe. Ao mesmo tempo, contudo, a cuidadosa atenção da equipe ao fluxo proporciona a existência de medidas automáticas de segurança, de modo que o resultado seja não apenas mais desejável como também mais seguro.

Mudando o aparato administrativo, não a abordagem clínica

O *lean* não pretende mudar aquilo que a organização faz, mas sim a maneira como ela faz. Transformar o sistema organizacional de uma operação para o *lean* pode representar uma mudança de enormes proporções - mudança fundamental de processos que é mais do que um simples aperfeiçoamento - mas isso não conduz necessariamente a uma revisão dos procedimentos clínicos. Pelo contrário, o objetivo é refazer a estrutura administrativa que engloba esses procedimentos.

Os clínicos são treinados a utilizar os procedimentos mais adequados para tratar seus pacientes. Levando-se em consideração razões de segurança e eficácia, um método de incremento da qualidade não interfere nas decisões clínicas. O *lean*, entretanto, pode dar suporte aos clínicos na hora de tomar decisões e ajudá-los a prover atendimento especializado da forma mais eficiente, e em muitos casos os processos de provimento melhoram a segurança e a efetividade da recomendação clínica. Quando clínicos e integrantes da linha de frente que participam no provimento do serviço se dão conta das vantagens que o *lean* proporciona em relação à satisfação das necessidades dos pacientes, imediatamente se dispõem a aplicar princípios *lean* ao provimento dos cuidados de saúde.

Fazendo do pensamento lean *o padrão da organização*

São inúmeras as vantagens de se utilizar os princípios *lean* na assistência à saúde. Os procedimentos *lean* promovem resultados com qualidade e segurança. Os pacientes, razão de ser de qualquer organização de assistência à saúde, transformam-se no foco, e seu *feedback* é positivo. O *lean* delega poder aos membros das equipes, algo que, por sua vez, se traduz em um renovado interesse na melhoria de seu desempenho em termos de eficiência, rapidez e regularidade. Problemas com funcionários - por exemplo, escassez de enfermeiras - desaparecem. A satisfação do paciente e o moral dos funcionários entram em ascensão.

Tendo em vista a sua busca contínua por eficiência e produtividade ao longo de seus processos, o *lean* automaticamente exerce efeito positivo sobre o chão de fábrica da organização. Eliminar o desperdício e empregar o pessoal e o tempo com mais eficiência reduzem os custos. As seguradoras e outras áreas que possuem interesse financeiro ficam bem impressionadas com as economias. O treinamento interfuncional para formar equipes multidisciplinares e a consulta a especialistas externos acabam compensadas financeiramente pela crescente produtividade, redução das horas extras e estoques em níveis adequados.

Por fim, os princípios e processos do *lean* permitem que as organizações de assistência à saúde superem com maior agilidade os índices exigidos para a obtenção dos credenciamentos e os padrões das entidades de regulamentação.

Seria lógico, então, que uma organização de assistência à saúde transformasse o pensamento *lean* em seu padrão (padrão de segurança, qualidade, melhoria do desenvolvimento, eficiência, satisfação dos pacientes e moral dos funcionários). As economias financeiras resultantes da adesão aos princípios *lean* também são considerações importantes em uma economia de custos crescentes e demanda cada vez mais exigente.

Referências

1. Moore, P.L.: Outside insights: What Dr. Gabow learned from FedEx and Ritz-Carlton. *Physicians Practice*, oct. 2004. http://www.physicianspractice.com/index.cfm?fuseaction=articles.details &article_id=570.
2. Jimmerson C., Weber D., Sobek D.K. II: Reducing waste and errors: Piloting lean principles at Intermountain Healthcare. *Jt Comm J Qual Patient Saf* 31:249-257, *May* 2005.
3. Taylor M.: Quality as gospel. *Mod Healthcare* 35:32-34, 36, 38 passim, May 2005.
4. Womack J.P.: *The State of Lean 2005*. Lean Enterprise Institute, Jan. 1, 2005. http://www.lean.org.
5. Womack J.P.: *Lean Beyond the Factory*. Lean Enterprise Institute, Mar. 23, 2004. http://www.lean.org.
6. McAuliffe J., Moench T., Wellman J.: Lean leadership: Three phases of development. *H&HN Online*, Feb. 22, 2005. http://www.hospitalconnect.com/hhnmag/jsp/articledisplay.jsp?dcrpath=HHNMAG/PubsNewsArticle/data/050222HHN_Online_McAuliffe&domain=HHNMAG.
7. Thompson D.N., Wolf G.A., Spear S.J.: Driving improvement in patient care: Lessons from Toyota. *J Nurs Adm* 33:585-595, Nov. 2003.
8. Tinham B.: *Lean Thinking: Smarter Ways to Better Business*. Manufacturing Computer Solutions, Jan. 2003. http://www.saferpak.com/lean_art3.htm.

Estudos de casos 5

Apresentamos, no decorrer deste livro, vários exemplos da aplicação dos conceitos *lean* pelo Virginia Mason Medical Center, de Seattle, Estados Unidos. Muitas outras instituições de assistência à saúde trabalham atualmente de acordo com os princípios do pensamento *lean*. A seguir, apresentamos descrições detalhadas de três dessas organizações e dos avanços de cada uma delas após a implementação dos princípios *lean*.

Pittsburgh Regional Healthcare Iniciative trabalha para aperfeiçoar o atendimento aos pacientes

RESUMO

Nome: Pittsburgh Regional Healthcare Iniciative (PRHI)

Localização: Pittsburgh e sudoeste da Pensilvânia

Descrição da organização: O PRHI é um consórcio de instituições e indivíduos que fornece, compra, assegura e dá sustentação ao atendimento à saúde em Pittsburgh e na região sudoeste da Pensilvânia, nos Estados Unidos. O consórcio inclui 45 hospitais, quatro grandes seguradoras, dezenas de grandes e pequenas empresas que adquiriram serviços de assistência à saúde, líderes de corporações e de entidades civis, e conselheiros eleitos, que trabalham a fim de melhorar a qualidade e a segurança do atendimento à saúde para os pacientes e o resultado financeiro para aqueles que financiam o setor.

A PRHI foi criada em 1997 como parte de um plano regional de renovação para aliviar um crescente problema de assistência à saúde em Pittsburgh e em seus arredores. O setor de assistência à saúde era o maior empreendimento econômico da região, empregando um de cada oito trabalhadores e gerando mais de US$ 7 bilhões em receitas empresariais. Ainda assim, como em várias outras regiões do país, o setor de assistência à saúde enfrentava custos crescentes, fusões, lucros em queda, rotatividade de pessoal e péssima qualidade dos serviços.

A fim de encarar essas questões, Paul O'Neill, então CEO da Alcoa (e mais tarde Secretário do Tesouro dos Estados Unidos), Karen Wolk Feinstein, presidente da Jewish

Healthcare Foundation de Pittsburgh, e o grupo empresarial Allegheny Conference on Community Development, formularam a ideia de uma organização de assistência à saúde para transformar a região em uma líder nessa área. O resultado disso tudo foi a PRHI.

Ao contrário de outras iniciativas nesse campo, o PRHI inclui não apenas instituições e provedores de assistência à saúde, mas também líderes das comunidades empresariais, seguradoras e agências governamentais, entre elas o Centers for Disease Control and Prevention (CDC), a Agency for Healthcare Research and Quality e o Centers for Medicare & Medicaid Services. O envolvimento da comunidade empresarial introduziu os princípios *lean* nas operações da PRHI. Na década de 1990, a Alcoa incorporou, com sucesso, o Sistema Toyota de Produção (STP) em suas fábricas, a fim de promover a segurança dos trabalhadores e ensiná-los a solucionar problemas.

Objetivos: a PRHI tem como foco a concretização da perfeição no atendimento à saúde mediante a utilização de metas "zero":

- Zero infecção associada à assistência à saúde
- Zero erro com medicação
- Zero resultados ruins, ou seja, os resultados clínicos têm que ser perfeitos, mensurados em termos de complicações, readmissões, infecções e outros pontos envolvendo os pacientes que passam por procedimentos cardíacos invasivos, cirurgias de reparação/substituição de quadris e joelhos, assim como pacientes que sofrem de depressão e diabetes.

Implementação da metodologia *lean*

O Perfecting Patient Care™ (PPC), derivado do STP, é o sistema de aprendizado e administração da PRHI, e funciona por meio de "linhas de aprendizagem", ou laboratórios de solução de problemas. Uma linha de aprendizagem é uma pequena unidade de assistência, cuja meta é satisfazer as necessidades dos pacientes, um de cada vez, sem defeitos, sem desperdício ou erros, num ambiente seguro. Um funcionário da equipe é designado como líder em tempo integral para ajudar o pessoal a corrigir problemas à medida que ocorrerem e a determinar suas causas-raiz, a fim de evitar a recorrência desses problemas. O líder é a primeira pessoa a prestar assistência à sua equipe, então, desse ponto de vista, ele não está acima da equipe, mas é um suporte aos seus integrantes. Além disso, a função única do líder é resolver problemas; ele não tem qualquer outra função específica, porque seu único trabalho é continuamente mudar e aperfeiçoar o processo visando à concretização da versão ideal. O objetivo final da linha de aprendizagem é disseminar seu método de solução de problemas por toda a organização, a fim de eliminar o desperdício e garantir o atendimento seguro, apropriado e com eficiência de custo aos pacientes.

Na condição de consórcio comunitário, a função da PRHI é estabelecer unidades de aprendizado PPC (*Perfecting Patient Care*) por solicitação de qualquer organização que faça parte do consórcio. De acordo com Naida Grunden, chefe de comunicações do PRHI, cada organização de assistência entra com o pessoal que faz o treinamento e implementa as melhorias em sua própria organização. A PRHI ajuda a organização no lançamento do programa e oferece os treinamentos necessários. Nesses casos, o PRHI é um recurso para os membros do consórcio.

Projeto: Um dos principais objetivos do PRHI é a "infecção hospitalar zero"

O Veterans Affairs Pittsburgh Healthcare System (VAPHS) solicitou à PRHI assistência para estabelecer uma linha de aprendizagem em uma de suas unidades a fim de eliminar infecções por *Staphylococcus aureus* resistentes à meticilina (SARM) relacionadas à assistência à saúde. O CDC aceitou ajudar a financiar o projeto em função do seu interesse na erradicação de infecções SARM, que apresentam um índice de mortalidade 2,5 vezes superior ao das variedades não resistentes. Tanto o CDC quanto o PRHI estavam convictos de poderem se aproximar da meta de infecção zero na unidade-piloto do VAPHS e depois disso introduzir as técnicas de solução de problemas em todo o hospital e em toda a região de abrangência do sistema.

As técnicas do PPC, determinadas pelas necessidades dos pacientes da forma como percebidas por seus provedores de assistência, foram realizadas por aqueles com maior intimidade com o trabalho na unidade, uma equipe que incluía uma enfermeira diplomada, um funcionário do PRHI e um antigo engenheiro da Alcoa treinado em STP. A equipe observou o trabalho realizado, destacou os problemas observados, analisou-os em uma sessão de *brainstorming* e então implementou soluções.

A equipe identificou um problema principal: seus integrantes não higienizavam as mãos adequadamente antes de atender cada paciente. Uma das técnicas de PPC inclui perguntar cinco vezes "por que", até que se chegue à revelação da causa-raiz (a partir do processo STP). Nesse caso específico, a resposta foi a falta de acessórios de higienização convenientemente localizados – carência de sabão, álcool-gel para as mãos e luvas ou guarda-pós. A equipe então incorporou um sistema que fornecia todo o material necessário para a higienização das mãos a cada utilização. A equipe não precisou mais procurar os materiais e não "esqueceu" mais os procedimentos de higienização das mãos.

Durante esse processo, a equipe também mencionou a falta de tempo como um impedimento para a higienização adequada. Procurar por material para a limpeza das mãos exigia tempo, uma *commodity* mais do que preciosa para todos os trabalhadores em assistência à saúde. Ao instalar uma linha funcional de suprimento desses materiais, a equipe conseguiu poupar esse tempo. Contudo, ao analisar a utilização do tempo pelo pessoal, a equipe descobriu também um desperdício inesperado gerado pelas, cadeiras de rodas. Enquanto buscava uma solução para isso, a equipe constatou que o problema das cadeiras de rodas também tinha ligação com as infecções relacionadas à assistência à saúde.

Encontrar cadeiras de rodas em qualquer organização de assistência à saúde é sempre um problema. Elas normalmente desaparecem quando mais se precisa, o que, por sua vez, causa atrasos e desperdícios. É também quase sempre difícil encontrar a cadeira de rodas apropriada para as condições do paciente. No entanto, e mais importante, descobriu-se que as cadeiras de rodas nem sempre estão limpas. A equipe começou, então, a pensar nessa circunstância como uma fonte potencial de infecções SARM.

Resolver o problema das cadeiras de rodas tornou-se então um processo circular: ao solucionar o dilema da disponibilidade das cadeiras de rodas, a equipe ganhou mais tempo para passar com os pacientes e para realizar a indispensável higienização das mãos. Mais ainda, a solução de todo o problema fez com que se passasse a analisar a possibilidade de que as próprias cadeiras constituíssem uma fonte da infecção.

Resolver o problema das cadeiras de rodas passou a ser um empreendimento de grande vulto. O problema tinha três componentes:

1. Suprimento – contar com as cadeiras quando e onde necessárias
2. Adequação – dispor de cadeiras com o tamanho e a configuração adequados
3. Limpeza – possuir cadeiras que não transferissem agentes contaminantes

A equipe constatou que separar o problema em componentes menores e, então, desenvolver correções para cada um deles era a única maneira de resolver o problema em sua integralidade. Esse ciclo rápido de experimentações com melhorias é um dos princípios básicos do PPC.

O problema 1, do suprimento, envolvia diversas unidades e três instalações do VAPHS. Em um dia comum, 25 pacientes, em média, precisam ser transportados para mais de 40 consultas em todo o hospital, desde fisioterapia até diálise. Como as cadeiras de rodas são compartilhadas, muitas ficam fora de circulação até que os pacientes que as utilizam tenham seu atendimento finalizado.

A equipe constatou também que, quando os pacientes eram transferidos de uma instalação para outra, especialmente das de cuidado intensivo para aquelas de longo prazo, a cadeira de rodas permanecia em seu destino final. O resultado era uma escassez de cadeiras de rodas na unidade VA e um excesso de cadeiras nos pontos de destino. Na verdade, algumas seções do hospital já enfrentavam outro problema: o do armazenamento. Outro problema derivada da prática, a essa altura já em larga escala, de esconder as cadeiras. Alguns membros da equipe que não confiam que a cadeia de suprimentos satisfaça a necessidade de cadeiras por parte dos pacientes passam a escondê-las, o que acaba criando uma escassez que na verdade não existe.

O problema 2, da adequação, envolvia o uso da cadeira de rodas apropriada às necessidades de cada paciente, algo que pode afetar a segurança e a saúde. Por exemplo, pacientes que passar por terapia de substituição dos quadris precisam de cadeiras de rodas com assentos reclináveis, a fim de evitar deslocamento pós-operatório. Pacientes em unidades de longo prazo que passam a maior parte do tempo em cadeiras de rodas precisam de cadeiras com acolchoamento substancial, encosto alto e tamanho correto. Localizar a cadeira adequada para cada paciente muitas vezes adiciona ainda mais tempo à carga de trabalho do pessoal.

A equipe enfrentou os dois primeiros problemas afixando rótulos e códigos coloridos às cadeiras de rodas. Cada cadeira traz informação sobre destino e retorno em destaque nos painéis laterais e na traseira, para facilitar sua devolução aos pontos de estacionamento. Além disso, sempre que um paciente é transferido de uma seção ou departamento para outro, as cadeiras são agora limpas e estacionadas em pontos de transferência junto às baias adequadas. Duas vezes por semana, um caminhão que distribui suprimentos também devolve as cadeiras de rodas às instalações às quais pertencem.

O problema 3, da limpeza, envolvia mais do que simplesmente as cadeiras usadas na unidade VA, já que as cadeiras eram compartilhadas por todas as unidades. A equipe decidiu passar a utilizar uma lavadora de outra unidade para limpar as cadeiras. Essa lavadora jateia água quente sob alta pressão, como as lavadoras de louças, para limpar todas as partes em profundidade. Em menos de 14 dias, todas as cadeiras de rodas haviam sido limpas. As lavadoras funcionaram com tamanha eficiência que as cadeiras de rodas se transformaram num lembrete visual do controle de infecções.

A equipe não tardou a constatar, contudo, que levar todas as cadeiras para um único lugar, a fim de utilizar uma lavadora emprestada não era uma medida eficiente. Foram compradas então duas lavadoras portáteis que podiam ser transportadas para cada uma das unidades e utilizadas regularmente na limpeza das cadeiras. Em muitas unidades, a fiação e eletricidade necessárias ao funcionamento das lavadoras portáteis estavam disponíveis; em outras, bastou um simples ajustamento da fiação. A equipe estabeleceu, então, um cronograma que estabelecia que dois funcionários responsáveis pela limpeza das cadeiras notificassem a unidade com antecedência sobre a programação da limpeza.

Como um *backup* para outros procedimentos existentes destinados a gerenciar a distribuição das cadeiras de rodas, a equipe de solução de problemas especificou lugares públicos em que as cadeiras deveriam permanecer quando não estivessem sendo utilizadas. A equipe questionou integrantes de todas as unidades, estudou a disposição física do hospital e identificou padrões de tráfego para determinar as melhores localizações para o armazenamento das cadeiras. O grupo finalmente designou 30 Pontos de Cortesia de Cadeiras de Rodas em toda a organização, inclusive perto da entrada principal, no saguão do elevador e em uma sala de recreação. Os acompanhantes agora devolvem as cadeiras de rodas às áreas de estacionamento quando o paciente chega ou sai do hospital.

Resultados

A investigação de acompanhamento da PRHI mostra que o plano da equipe para a circulação das cadeiras de rodas e os Pontos de Cortesia estão dando bons resultados. Como a disponibilidade das cadeiras aumentou, os pacientes passaram a não se atrasar para as avaliações marcadas, com isso eliminando o desperdício de tempo, e melhorando a satisfação de pacientes e empregados. O que começou como uma análise de solução de problema destinada a eliminar infecções derivadas de SARM em uma unidade do hospital evoluiu até se transformar na solução, em todo o sistema, do problema crônico da disponibilidade das cadeiras de rodas, que, por sua vez, passou a ser parte da solução do problema original.

Consideração com a segurança dos pacientes

Como parte de seus objetivos de melhoria regional de assistência à saúde, o PRHI desenvolveu um conjunto de iniciativas envolvendo a segurança dos pacientes. Tais iniciativas têm como base a premissa de que toda vez que o atendimento perfeito do paciente deixa de acontecer, seja esse paciente prejudicado ou não, surge uma oportunidade para remediar os processos de trabalho ruins e melhorar o sistema de atendimento, a fim de garantir a segurança do paciente. Os participantes do PRHI defendem o estabelecimento de uma estrutura regional sustentável que garanta a provisão daquilo que os pacientes precisam no momento em que surge essa necessidade, sem desperdício ou erro. O PRHI promove o foco no paciente, o que, por sua vez, enfatiza a segurança como objetivo prioritário.

Cancer Treatment Centers of America no Midwestern Regional Medical Center aplica o pensamento *lean* aos processos farmacêuticos

RESUMO

Nome: Cancer Treatment Centers of America no Midwestern Regional Medical Center (CTCA at MRMC)

Localização: Zion, Illinois

Descrição da organização: o MRMC é uma instalação gerenciada do CTCA. O MRMC tem 678 empregados, 25 dos quais são funcionários em tempo integral do setor de farmácia. Outros departamentos e serviços oferecidos pelo MRMC incluem laboratório, serviços de imagem, cirurgia, unidade de emergência, oncologia radiológica, nutrição, naturopatia, psiconeuroimunologia, orientação, terapia cardiopulmonar e física, enfermagem interna, centro de infusão e gerenciamento de dor, bem como uma clínica oncológica de pacientes.

Objetivos: os objetivos iniciais da divisão farmacêutica do MRMC consistiam em aumentar a segurança dos pacientes pela melhoria do tempo de realização do serviço (*turnaround time* – TAT) em 20% - preparação, receita e entrega do processo para ordens de medicação em quimioterapia. Um TAT melhorado significa que o paciente recebe a medicação quimioterápica quando dela precisa, sem demora, com isso garantindo a administração ideal, pontual e segura da medicação. Os objetivos foram modificados depois da análise de dados com o mapa da cadeia de valor *lean*, que demonstrou que nem todas as quimioterapias poderiam ter o mesmo TAT. Portanto, os objetivos foram modificados a partir dos tempos reais medidos como parte do mapa da cadeia de valor.

Implementação da metodologia *lean*

Os projetos de gerenciamento *lean* no MRMC são globais e incluem todos os departamentos. Como parte do processo de planejamento estratégico, cada departamento tem um objetivo *lean* a cada ano, e existem igualmente equipes *lean* associadas com sua cadeia de valor estratégico empresarial. A farmácia foi o primeiro departamento e é o modelo do *lean* na organização. Todos os outros departamentos usam a farmácia como modelo para a implementação do *lean*. A farmácia continuará sendo o líder *lean*, com o objetivo de se tornar um "Centro de Excelência" do sistema.

O diretor-presidente foi quem tomou a decisão de implementar o *lean* no CTCA. A inspiração para o *lean* no MRMC veio do crescimento observado, do plano de expansão, da "voz dos clientes" e da disponibilidade de recursos. O CTCA tinha uma meta estratégica de negócios de expandir a companhia sem, para tanto, sacrificar a qualidade e o foco nos clientes/pacientes. O *lean* proporcionou um excelente método, por meio do qual tudo isso poderia ser concretizado.

Dedicar um recurso para a conversão foi o primeiro passo. Carol Lepper, enfermeira diplomada e registrada, MBA, foi convidada para assumir a direção das operações *lean*. Tendo em vista seu sólido currículo em gerenciamento de qualidade, Lepper pôde se concentrar em pesquisa e experiência com o *lean*. Ela começou seu treinamento acertando sessões especiais para a equipe de gerenciamento e executivos seniores. Lepper fez visitas a uma planta de produção nas proximidades, onde observou eventos *kaizen* (de melhoria contínua) e foi exposta às ferramentas e à metodologia da implementação *lean*.

Depois das visitas, Lepper passou a treinar a equipe da farmácia e a usar esses métodos. Ao mesmo tempo, ela começou um programa extensivo de treinamento em toda a organização, pelo qual proporcionou a todos os diretores de departamentos uma visão geral do *lean*. Treinamentos suplementares com outros métodos tiveram prosseguimento na farmácia e em outros departamentos relacionados na cadeia de valor. No decorrer do ano, 35 sessões diferentes de treinamento foram feitas com os funcionários, os diretores e as equipes.

O passo inicial na farmácia foi mapear a cadeia de valor em seu estado presente A chave para o mapeamento da cadeia de valor é observar o processo e mensurar os tempos dos passos no processo. O departamento então realiza eventos de *minikaizen* para avaliar o estado presente, desenvolver o estado futuro e planejar os passos a serem dados. Esse processo continuou à medida que Lepper foi aprendendo cada método do *lean*. Outros departamentos, nesse primeiro ano, começaram a incorporar os *cinco esses* (5S) e o local de trabalho visual.

O sucesso era mensurado pelos resultados das equipes *lean*, pelas metas *lean* departamentais, por indicadores-chave de desempenho, por escores de auditoria 5S no local de trabalho visual e quaisquer outras iniciativas *lean* já implementadas.

Para dar continuidade aos resultados positivos do *lean*, a organização agregou recursos a esse processo. Um programa *lean* de *coaching* foi instituído no decorrer do ano. Os *coaches lean* foram treinados em todas as metodologias do *lean*, e a expectativa é de que venham a dar assistência aos diretores de seus departamentos com a implementação do plano. Eles passaram também a dar assessoria ao departamento com auditorias 5S e o lugar de trabalho virtual. Eles continuarão treinando nesse ano para expandir seu conhecimento do *lean* e se tornarem facilitadores dos processos *lean*, até mesmo líderes de eventos *kaizen*.

Os próximos passos incluem o desenvolvimento adicional do modelo *lean* e sua integração mais próxima com os objetivos estratégicos empresariais. Planos para melhorar o desenvolvimento do modelo são criar "Centros de Excelência" para o *lean*. A organização está integrando os objetivos departamentais ao mapa da cadeia de valor estrategicamente importante. Há também planos para tornar os resultados do *lean* mais visíveis para a corporação, usando não apenas parâmetros de processos *lean*, mas também outros parâmetros-chave do mundo empresarial. Um *site* de intranet está sendo desenvolvido para comunicar a informação *lean*. O treinamento é outro foco para o *lean*. Em toda a corporação, haverá sete pessoas diplomadas em *lean*, e o MRMC vai continuar a desenvolver *coaches lean*.

Projeto: Vários projetos *lean* foram adotados com pioneirismo pelo departamento de farmácia

O departamento de farmácia no MRMC foi pioneiro em vários projetos *lean* para melhorar o desempenho, entre os quais um sistema de gerenciamento diário *lean*, um 5S e um *display* visual primário, um registro de segurança da quimioterapia e um sistema *just-in-time* (JIT) de gerenciamento de estoques para suprimentos intravenosos.

Sistema diário de gerenciamento *lean*

O sistema diário de gerenciamento *lean* é o sistema que dá suporte ao conceito do trabalho em equipe e permite que esta monitore seu trabalho de maneira permanente. O gerenciamento diário *lean* proporciona *feedback* à equipe sobre onde ela se encontra em relação ao objetivo e que passos precisam ser planejados para a melhoria contínua.

O gerenciamento *lean* da farmácia inclui o painel da produção diária, reuniões diárias *lean* e o *display* visual primário. O quadro de produção é um cartaz em que a equipe registra os números de quimioterapias, o TAT em quimioterapia, o nível da quimioterapia, o alcance do período em que é produzida e quaisquer ocorrências durante esse processo.

A finalidade das reuniões *lean* diárias é discutir o plano do dia, revisar os resultados da quimioterapia do dia anterior, priorizar e destinar pessoal para as questões com soluções pendentes identificadas e desenvolver planos de ação. Essas reuniões também são usadas para planejar o trabalho para o dia corrente. As reuniões não devem durar mais de 10 minutos, com a seguinte agenda:

1. Questões e preocupações com segurança (2 minutos).
2. Qualidade - revisar as questões dos últimos dias (2 minutos).
3. Revisão de parâmetros - identificar qualquer variação do plano e formular a resolução (2 minutos)
4. Compromissos do dia - revisar e priorizar compromissos e revisar planos de ação que concretizem os objetivos (2 minutos).
5. Próximos passos - revisar todos os próximos passos identificados durante o esforço concentrado (2 minutos).
6. Encerramento.

Display visual primário

O *display* visual primário é aquele que informa o pessoal. Os itens nele destacados são relacionados à qualidade, segurança, aos cronogramas, resultados das reuniões diárias do *lean*, parâmetros e planos de ação *lean*.

A auditoria 5S foi feita no início do projeto e continua a ser regularmente monitorada. O MRMC considera o 5S uma parte do local de trabalho visual porque ao ser implementado, o local de trabalho é preparado para se tornar usual. O local de trabalho precisa satisfazer os padrões 5S para ser capaz de comunicar numa forma visual. O local de trabalho visual responde as importantes questões sobre quem, o que, quando, onde, como e quanto. Alguns dos visuais implementados incluíam sinalização para identificar remédios visualmente parecidos, remédios com nome parecido, remédios de alto risco e remédios com o mesmo nome, mas de dosagens diferentes, localização dos remédios, fluxo do trabalho, o status do planejamento da ação *lean*, instruções-padrão de trabalho, auxiliares de trabalho, o quadro da produção diária e o *display* visual primário.

O local de trabalho visual permite que o pessoal da farmácia examine o processo quimioterápico e identifique questões que possam vir a ser melhoradas. No processo, o departamento aprendeu a fazer a triagem dos pedidos conforme sua complexidade, com isso reduzindo o total de TAT em 20% sem comprometer a segurança dos pacientes.

Registro de segurança da quimioterapia

O registro da quimioterapia é iniciado quando o pedido é recebido na farmácia, para acompanhar o seu andamento em termos de tempo de execução e segurança na entrega. O registro continua ao longo do processo de quimioterapia. Ele identifica cada etapa crítica no processo e provê um lugar correspondente à agilidade com que os passos foram inicialmente implementados em relação aos padrões de segurança. As categorias são entrada, verificação e execução do pedido.

Sistemas de gerenciamento JIT para estoques de suprimentos intravenosos

No estado pré-*kaizen*, os suprimentos eram processados e armazenados no armazém de gerenciamento de material. O estoque era contado diariamente na farmácia e os pedidos eram atendidos com o gerenciamento de materiais. Depois que o departamento de gerenciamento material completava o processamento do pedido, os estoques eram fornecidos à farmácia a partir dos estoques do armazém.

O sistema de estoques JIT foi desenvolvido para eliminar etapas, poupar tempo e evitar repetição. A farmácia pode também passar a ter controle sobre seus estoques. Todos os suprimentos eram relacionados em uma planilha geral, com as seguintes informações: descrição do item, média mensal de uso, média diária de uso, custo por caixa, quantidades registradas, unidades por embalagem, quantidade mínima de pedidos e tempo máximo de entrega por pedido. A partir desses dados, eram determinados os níveis de estoque máximo e mínimo, e também o ponto de renovação dos pedidos. Na situação revisada, os níveis preestabelecidos determinam os pedidos de estoques, e as entregas são agora feitas diretamente à farmácia. Isso eliminou a necessidade de armazenamento e processamento no departamento de gerenciamento de material.

Resultados

De maneira geral, os passos que não agregavam valor ao processo eram identificados pelo mapa da cadeia de valor e pela observação. Muitos desses passos eram simplesmente deslocamentos a pé, espera, interrupções e movimentos causados pela falta de comunicação e informação. A organização conseguiu eliminar o desperdício por meio de redesenho de processos, usando os conceitos do *lean* com um foco no fluxo de uma peça por vez. O redesenho do processo fez parte de uma renovação física na farmácia, planejada antes da implementação do *lean*. Isso permitiu mudanças de projeto com base no futuro estado ideal. Outras áreas de desperdício foram eliminadas por meio da utilização da tecnologia. Um novo sistema de computadores foi planejado, e passou a remover passos, duplicações e retrabalho pelos técnicos e farmacêuticos.

O departamento de segurança criou uma ferramenta visual para os códigos de emergência colocados em cada estação de trabalho. Trata-se de um conjunto de fôlderes de múltiplas pastas em cores diferentes, codificadas de acordo com cada tipo de emergência. Nas pastas estão as folhas de reações específicas de cada departamento e todos os demais formulários necessários. Quando um desses códigos é chamado, os componentes das equipes acessam a ferramenta e removem suas instruções de resposta. Isso diminuiu o tempo de resposta e eliminou a confusão que pode ocorrer durante uma emergência.

O *lean* melhorou também a comunicação do pessoal. A farmácia tem agora boletins específicos com todas as informações de que o pessoal necessita em seu trabalho. Cada posto de enfermagem é projetado da mesma forma, a tal ponto que nos deslocamentos do pessoal entre esses postos, todas as informações e ferramentas indispensáveis para a realização do seu trabalho estão sempre disponíveis nos mesmos lugares. Antes da implementação do *lean*, os funcionários precisavam parar, perguntar e sair em busca do equipamento desejado. Uma de suas principais queixas consistia no fato de precisarem examinar a farmácia inteira só para encontrar um grampeador.

Como parte do *kaizen* na farmácia, uma das áreas problemáticas que a própria farmácia identificou foi a do processo de entrada dos pedidos. Havia problemas com cópias de faxes, pedidos confusos e estatísticas vitais desencontradas. A farmácia deu início a uma força-tarefa *kaizen* exclusivamente para eliminar essas questões, que, quando resolvidas, melhoraram a segurança dos pacientes.

A equipe da farmácia tem conseguido sucesso na redução de até 60% do tempo entre a extração de sangue no laboratório e a chegada deste ao laboratório. A equipe conseguiu esse resultado depois de realizar um evento *kaizen*, diagnosticar o processo e aplicar mudanças destinadas a eliminar o desperdício. Uma questão importante nesse processo era que os rótulos para as retiradas eram impressos no laboratório, e o encarregado da extração de sangue, ou soro, tinha de conseguir esses rótulos do próprio laboratório antes de se dirigir à clínica. A enfermeira encarregada do procedimento, que fazia retiradas do carrinho, não tinha os rótulos e precisava consegui-los com o encarregado da extração. Não havia uma comunicação clara entre a enfermeira e esse encarregado sobre quando os carrinhos estavam prontos para ser movimentados, e isso provocava atrasos.

As mudanças introduzidas incluíram a transferência Da sala de extração para o mesmo lado da clínica em que ficava a enfermeira encarregada, estabelecendo um mecanismo de comunicação entre esta e o encarregado da extração para indicar quando os carrinhos estavam prontos para o transporte; a criação de um visual capaz de indicar à enfermeira quais os tubos a serem utilizados e quanto sangue extrair sem precisar parar e perguntar ao encarregado; e a instalação de uma máquina de rótulo na sala de extração.

Outros resultados *kaizen* relacionados à quimioterapia são os seguintes:

- Os passos do processo diminuíram de 32 para 16, uma melhoria de 50%.
- A distância percorrida caiu de 1.088 para 185 metros, uma redução de 83%.
- O número de pacientes que fazem quimioterapia após o horário foi reduzido de 15 para 0, uma melhoria de 100%.

Um exemplo da redução de custos em paralelo com o aumento do valor ocorreu na unidade de procedimento de dosagem da organização. A farmácia fazia a maior parte da dosagem da unidade manualmente. Quando alguém solicitava remédios que não estavam disponíveis, os técnicos da farmácia eram obrigados a prepará-los manualmente. O tempo de processo era de 30 minutos. O comprador comparou a precificação das drogas não embaladas com as embaladas previamente e constatou que as previamente embaladas eram mais baratas, criando com isso uma economia de custo. Assim, a farmácia encontra-se agora em processo de promover a conversão desses medicamentos. Cada medicamento que é convertido economiza à farmácia 30 minutos, cada vez que a unidade de dosagem é preparada e acelera o tempo de entrega dos remédios à unidade.

A melhora da produtividade é evidenciada pelo aumento de 30% nas quimioterapias, sem qualquer aumento nos TATs.

Houve uma redução no tempo de espera dos pacientes e no tempo empregado com burocracias. Os TATs tiveram uma redução da média de 61 para 47 minutos, uma melhoria de 23%. Como parte de um *kaizen* na programação, o contato face a face entre médicos e pacientes aumentou em 50%, pois o novo processo de marcação de consultas eliminou o tempo empregado para procurar pelo paciente e por um lugar para realizar a consulta. Além disso, o departamento iniciou um programa, em resposta à demanda de clientes/

pacientes, para eliminar o tempo de espera entre o fim da consulta com o médico e o começo da quimioterapia.

Um dos resultados significativos é a mudança do ponto de vista do pessoal. O sucesso do treinamento *lean* tem sido visto em muitas áreas. Os gerentes e os funcionários agora pensam os seus processos em termos de *lean*, e perguntam, "o que podemos fazer para melhorar?". Isso mudou a forma como os membros da equipe pensam a respeito daquilo que fazem e como isso afeta pacientes e clientes. A cultura está começando a mudar para uma em que os integrantes da equipe detêm poder para tomar decisões sobre a melhor maneira de realizar seu trabalho. Eles estão usando a metodologia *lean*/científica de solução de problemas para encontrar as respostas necessárias para tomar essas decisões. Os membros das equipes em todos os níveis são capazes de reconhecer o desperdício em seu trabalho, e estão assumindo a iniciativa de fazer as mudanças necessárias para removê-lo.

Erros internos na farmácia de quimioterapia (semanalmente)

Dezembro de 2002 – Agosto de 2003

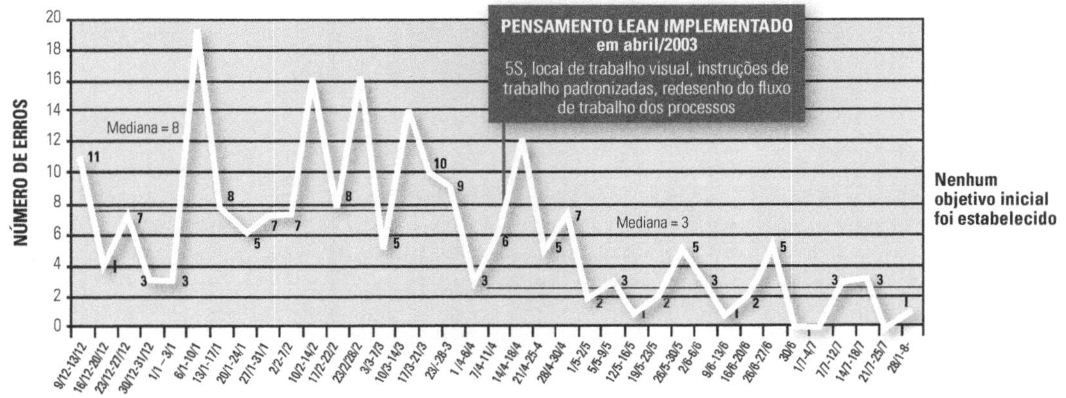

Tamanho da amostra = 55 regimes intravenosos semanais de quimioterapia
Nº Total de IVs por variações por pedido

Erros autorrelatados

Cancer Treatment Centers of America at Midwestern Regional Medical Center – Zion, Illinois

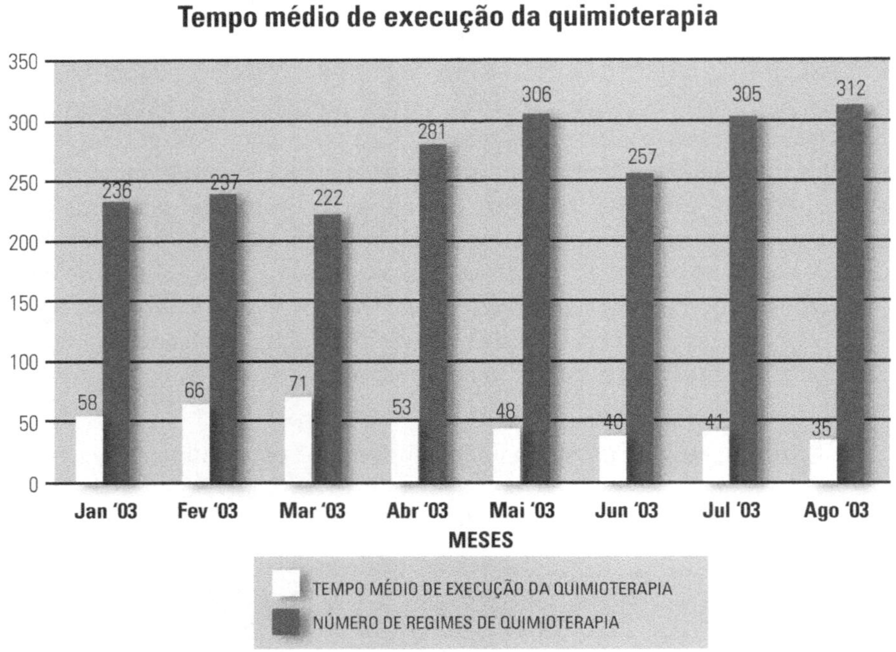

Figura 5.1 Esses gráficos ilustram as mudanças resultantes da introdução dos processos e modelos do pensamento *lean* no Cancer Treatment Centers of America at Midwestern Regional Medical Center. Ao passar a utilizar esses processos, o pessoal aumentou a segurança da medicação dos pacientes, medida pela média de erro interno, e diminuiu o tempo de execução da preparação da quimioterapia em 20%, ao mesmo tempo em que reduziu o número de passos do processo em 50%.

Fonte: Improvement Report: Lean Thinking Applied to Pharmacy Processes, http://www.ihi.org/IHI/Topics/PatientSafety/MedicationSystems?ImprovementStories/MemberReportLeanThinkingAppliedtoPharmacyProcesses.htm. Reproduzido com autorização do Institute of Healthcare Improvement, Cambridge, MA, e do Cancer Treatment Centers of America at Midwestern Regional Medical Center, Zion, IL.

Consideração com a segurança dos pacientes

Apesar da reavaliação do TAT da quimioterapia quando do estabelecimento de metas, a farmácia jamais esqueceu a orientação de considerar a segurança como uma das metas prioritárias no MRMC.

A segurança dos pacientes melhorou em função do *lean* e da identificação do processo da cadeia de valor. Quando o departamento de farmácia começou a criar uma cadeia de valor e a identificar os passos no processo, tornou-se evidente para a equipe que ela precisava agregar passos de segurança que não faziam parte do estado presente. Essa foi uma das primeiras ações implementadas quando a organização incorporou o pensamento *lean*. O primeiro mapa revisado da cadeia de valor tinha poucos passos, mas o ciclo dos tempos era mais prolongado. Esse foi um resultado dos processos de segurança agregado ao processo. Além disso, a nova tecnologia computadorizada eliminou alguns dos controles manuais até então em vigor. A força-tarefa dessa equipe concretizou melhorias em segurança ao longo do processo.

ThedaCare, Inc. promove uma cultura de mudança

RESUMO

Nome: ThedaCare, Inc.

Localização: Appleton, Wisconsin.

Descrição da organização: o ThedaCare é um sistema de assistência à saúde comunitário com três hospitais, 87 médicos em 27 clínicas médicas e 5 mil funcionários (o segundo maior empregador da região nordeste do estado de Wisconsin). Oferece serviços de saúde comportamental, laboratório, serviços de assistência em domicílio, assistência para aposentados, assistência em geral e instalações com enfermagem especializada. O ThedaCare administra também um plano de seguro de saúde com fins lucrativos que tem 300 mil associados.

Objetivos: o objetivo global do ThedaCare, como explicado por seu presidente e CEO John Toussaint, M.D., é uma cultura de constante melhoria, que vai sendo concretizada por meio do ThedaCare Improvement System. As três metas desse sistema podem ser assim resumidas:

1. Manter o moral da equipe sempre elevado.
2. Melhorar a qualidade constantemente, medida pela redução de defeitos.
3. Incrementar a produtividade.

Além disso, o ThedaCare estabeleceu metas específicas para promover uma mudança de cultura: aperfeiçoar a qualidade visando a um nível de classe mundial, transformar-se na empresa preferida de todos os trabalhadores do setor e reduzir custos aos menores preços mediante economias e aumento da produtividade.

THEDA Care **– Casa da Melhoria**

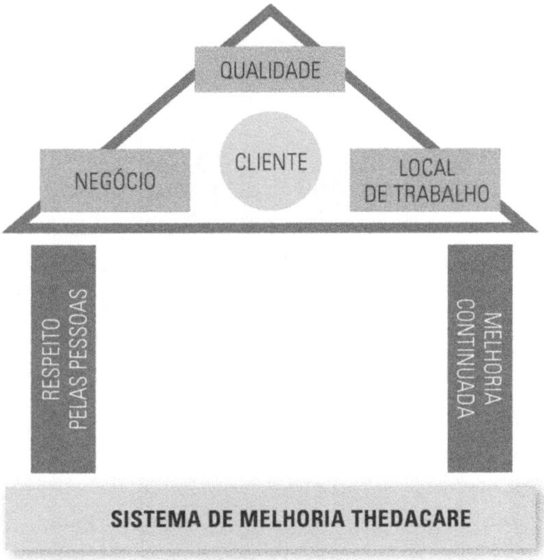

Figura 5.2 O Sistema de Melhoria ThedaCare é exemplificado neste gráfico.

Reproduzido com permissão de ThedaCare, Inc., Appleton, WI.

Implementação da metodologia *lean*

Antes de implementar o *lean*, o ThedaCare recorreu a uma empresa de equipamentos externos de energia, que havia feito uso da metodologia *lean* com sucesso durante vários anos. Observando as práticas *lean* dessa empresa, o ThedaCare aproveitou a experiência dela para o seu próprio empreendimento.

O ponto central do Sistema de Melhoria ThedaCare é a semana de evento, também conhecida como "evento da melhoria acelerada". A semana de evento é um processo de cinco dias durante o qual os participantes atacam e resolvem um problema identificado pela equipe. Os funcionários podem escolher entre seis tópicos diferentes a cada semana, e todos eles devem comparecer a pelo menos uma semana de evento. Como CEO da empresa, Toussaint participou de quatro semanas de eventos durante o ano, e exige que o pessoal do gerenciamento participe de pelo menos duas a cada ano.

Três semanas antes do evento, o facilitador identifica o problema a ser atacado, reúne dados e escolhe os participantes. Um terço de cada equipe deve ser proveniente do departamento ou unidade em que o problema em pauta foi identificado. No dia 1, a equipe mapeia os processos existentes da cadeia de valor e procura os desperdícios existentes. Nos dias 2 e 3, a equipe já está pilotando um novo processo. No dia 4, a equipe está concretamente implementando o novo processo. No último dia do evento são divulgados os resultados – todo o pessoal do gerenciamento é incentivado a participar para ouvir os relatórios de todas as seis equipes – e há um momento de celebração e reflexão.

A ênfase, durante todo o tempo, é centrada na participação de todos os membros da equipe e na comunicação transparente entre os participantes. A troca de funções é também incentivada, por exemplo, os gerentes devem ser professores, em vez de diretores. Os vice-presidentes e outros líderes estão ali para servir os funcionários e remover as barreiras existentes no caminho da mudança. Além disso, Toussaint vê a participação na semana de evento como um meio de elevar o moral dos funcionários, um dos objetivos do Sistema de Melhoria ThedaCare. "Eliminar o desperdício em uma empresa é edificante. Os funcionários estudam o processo e ficam então livres para implementar suas próprias ideias", conclui Toussaint.

O ThedaCare incorporou também outros métodos destinados a promover a mudança cultural para o *lean*. A organização disponibiliza um especialista *sensei* durante todas as semanas para ajudar os facilitadores. Isso mantém todo mundo focado e incentiva os gerentes a tornarem-se mentores e professores, em vez de meros burocratas e controladores. Além disso, como parte do pensamento de longo alcance, a organização oferece instrução em matéria de melhoria de qualidade *lean* nas escolas de enfermagem e de medicina da Universidade de Wisconsin, em Oshkosh.

Ao concluir que a implementação do *lean* pode ser uma cultura de mudança para muitas organizações de assistência à saúde, Toussaint assumiu um papel de liderança na promoção do *lean* nesse setor. Ele acompanha relatórios com dados sobre assistência à saúde, a fim de detectar o que está criando valor atualmente na indústria. Isso cabe perfeitamente na exigência de transparência do *lean,* que ajuda na melhoria das práticas de assistência à saúde. Toussaint também enfatiza o papel crítico da liderança para tornar realidade uma mudança cultural dessa magnitude; os desafios impostos à liderança na implementação do *lean* em uma organização de assistência à saúde configuram um compromisso com uma mudança cultural e expressam uma disposição a admitir erros. A disposição do ThedaCare em melhorar a qualidade até elevá-la ao status de padrão mundial e de se tornar a empresa preferida pelos profissionais do setor tem sido fundamental para Toussaint superar os limites da própria organização para promover o *lean* como um dos mais importantes sistemas de melhoria da qualidade para a indústria da assistência à saúde.

Projeto: O ThedaCare estudou o centro obstétrico durante uma semana

Relatos sobre um problema relativo à administração de medicamentos no centro obstétrico foram tema de uma semana de eventos que contou com a participação de Toussaint. Havia um atraso na administração de medicamentos a pacientes em trabalho de parto.

A equipe da semana de evento reuniu-se no local e estudou o mapa da cadeia de valor. Foi identificado que o(s) medicamento(s) em questão estava(m) à disposição no andar, mas não na sala de partos. O mapa da cadeia de valor mostrou a equipe se afastando da paciente, saindo da sala e indo a uma área de armazenagem próxima em busca do(s) medicamento(s) depois de ficar determinada a sua necessidade.

No segundo dia do evento, a equipe decidiu guardar os medicamentos indispensáveis na sala de partos, eliminando os passos desperdiçados – e o correspondente tempo perdido – para se chegar até eles. Um redesenho do mapa da cadeia de valor mostrou que o desperdício havia sido eliminado, e o problema, resolvido.

Tabela 5.1

Primeiro pressuposto da mudança do ThedaCare: respeito pelas pessoas

O QUE É RESPEITO	O QUE NÃO É RESPEITO
• Prática isenta de erros	• Filas de espera
• Serviços prestados em tempo hábil	• Trabalho que não agregue valor
• Desperdício zero	• Tempo desperdiçado
• Filosofia de não demissão	• Materiais desperdiçados
• Profissionais que trabalham em conjunto para melhorar o desempenho	• Pessoas focadas em tarefas e não em resultados para os pacientes

Fonte: Institute for Healthcare Improvement, Innovation Series: Going Lean in Health Care, 2005, 15.
Reproduzido com autorização do Institute for Healthcare Improvement, Cambridge, MA, e sob licença de ThedaCare, Inc., Appleton, WI.

Resultados

A mudança de local de armazenagem dos medicamentos eliminou passos desnecessários, evitou a espera, durante a qual a paciente era forçada a esperar pelo alívio da dor, permitiu aos funcionários realizar suas funções de maneira pontual e possibilitou que os prestadores desse serviço centrassem sua atenção nos resultados para os pacientes, e não nas tarefas.

Consideração com a segurança dos pacientes

A ênfase do ThedaCare na eliminação do desperdício para reduzir defeitos tem um impacto direto na segurança do paciente, já que elimina passos desnecessários que podem ser a causa de erros e, assim, os medicamentos são entregues aos pacientes na hora certa. Além disso, a formulação de metas específicas para concretizar uma mudança de cultura inspirou o ThedaCare a posicionar os interesses e as necessidades do cliente/paciente no centro do seu sistema *lean*. Para proporcionar serviço clínico de qualidade com padrão mundial é preciso começar pela segurança do paciente.

Líderes *lean* APÊNDICE A

Na metade do século XX, logo após o fim da Segunda Guerra Mundial, vários indivíduos contribuíram significativamente com a gestão de qualidade. Dois deles, Shigeo Shingo e Taiichi Ohno, ajudaram o Japão a reconquistar o equilíbrio econômico no pós-guerra com o desenvolvimento da filosofia do pensamento *lean*, que é a base do Sistema Toyota de Produção (STP). Além deles, Joseph Juran, um engenheiro de qualidade, tornou-se um dos primeiros proponentes da gestão de qualidade nos Estados Unidos.

Shingo, que era engenheiro industrial, começou a consultoria com a Toyota em 1955. Suas análises dos estudos de tempo e movimento de Frederick Taylor e Frank Gilbreth o ajudaram a entender a diferença entre processos e operações; ele definiu processo como o fluxo total da manufatura, do pedido ao produto acabado, e operações como um conjunto de máquinas. Seu temperamento fez dele um professor nato, que fazia perguntas e incentivava a experimentação. Ele foi um dos mentores de Taiichi Ohno.

Ohno, por sua vez, era um funcionário da Toyota que entendeu os benefícios econômicos do pensamento *lean* e comandou sua implementação na Toyota. (Ver "As raízes do pensamento *lean*", no Capítulo 1.) Durante as décadas de 1940 e 1950, atuou como gerente de montagem, e nessa condição desenvolveu melhorias que acabaram se transformando no Sistema Toyota de Produção. Sua habilidade fez com que fosse promovido a vice-presidente executivo da Toyota e reconhecido internacionalmente como o principal promotor do pensamento *lean*.

Juran começou sua carreira na Western Electric e foi fundamental na implementação de novas ferramentas e técnicas de gerenciamento de qualidade sob a orientação de uma equipe de pioneiros do controle de qualidade da Bell Laboratories. Juran deixou seu cargo de diretor de engenharia industrial na Western Electric durante a Segunda Guerra Mundial para atuar como administrador da agência governamental Lend-Lease Administration, cuja eficiência conseguiu incrementar. Ao final da guerra, já era reconhecido como teórico altamente respeitado da engenharia industrial, e começou a prestar consultoria em gestão de qualidade. Seu livro *Quality Control Handbook*, publicado em 1951, é considerado um referencial clássico para os profissionais que atuam na área da melhoria da qualidade.

Além desses três promotores de sistemas de melhoria de qualidade, outros três defensores do pensamento *lean* devem ser destacados. O primeiro deles, James P. Womack, coautor, com Daniel T. Jones, de *Lean Thinking: Banish Waste and Create Wealth in Your Corporation*, é o fundador do *Lean* Enterprise Institute (LEI). O segundo, Norman Bodek, é o editor e consultor que popularizou muitas das ferramentas japonesas de qualidade que transformaram as práticas empresariais norte-americanas. O terceiro, W. Edwards Deming, foi o pioneiro da melhoria da qualidade. Seu trabalho no Japão transformou-se nos fundamentos da ascensão econômica desse país após a Segunda Guerra Mundial.

James P. Womack

Em 1997, James P. Womack fundou a organização sem fins lucrativos de educação e pesquisa LEI para promover e implementar os princípios do pensamento *lean* em cada aspecto dos negócios e variadas indústrias.

A missão global do LEI é ser o principal educador em matéria de maximizar valor e minimizar desperdício. Para concretizar essa meta, o instituto desenvolve e promove princípios, ferramentas e técnicas *lean* projetadas para possibilitar uma mudança positiva.

O LEI oferece treinamento e outros tipos de suporte a representantes empresariais. Os materiais de treinamento incluem vídeos, apresentações, correspondências eletrônicas do presidente, Womack, e exemplos de sucesso dessa filosofia. Além disso, livros, livros-texto e outros tipos de suporte da transformação *lean* são disponibilizadas pelo LEI. O instituto também oferece *workshops* práticos sobre produção, trabalho de escritório e processos de serviços *lean*. Um dos principais objetivos do LEI é criar um kit completo de ferramentas para serem utilizadas pelos gerentes quando as empresas começarem a aplicar os princípios *lean*. O kit de ferramentas *lean* pretende ser um meio dinâmico e em evolução constante de compartilhar conhecimento entre os proponentes do pensamento *lean*.

Líderes industriais ou administrativos podem acessar esse material e outras informações tornando-se membros do instituto mediante um procedimento seguro de assinatura eletrônica. Basta acessar http://www.lean.org para se associar ou saber mais a respeito do LEI.

Norman Bodek

A participação de Norman Bodek na introdução dos processos japoneses de gerenciamento no cenário global foi fundamental. Ao longo de suas inúmeras viagens ao Japão, Bodek conheceu e conviveu com Shigeo Shingo, Taiichi Ohno e outros promotores do pensamento *lean*, e publicou posteriormente os livros desses autores em inglês e outros idiomas ocidentais.

Autor e consultor, Bodek é também editor, e foi presidente da PCS Press, empresa que lida com edição, treinamento e consultoria. A PCS publicou as obras de Shigeo Shingo e Taiichi Ohno (Ver Capítulo 1), os desenvolvedores do STP. Como parte desses empreendimentos em edição e consultoria, Bodek introduziu no Ocidente os conceitos de *kaizen* (melhoria permanente), *kaikaku* (melhoria radical), cadeia de valor, *kanban* (cartão de sinalização) e *just-in-time*, bem como outros processos e técnicas de melhoria de qualidade. Em 1988, ele estabeleceu o Shingo Prize for Excellence in Manufacturing, com o professor Vernon Buehler, na Utah State University.

Bodek é o autor de *Kaikaku: The Power and Magic of Lean: A Study in Knowledge Transfer*, relato sobre como o autor, nos últimos anos, conheceu e aprendeu com os líderes da gestão de qualidade, entre eles Shingo, Ohno, Deming e Juran. A mais recente colaboração de Bodek foi no livro *The Idea Generator: Quick and Easy Kaizen*, do qual ele é coautor. Esse livro pressupõe que todos os empregados têm a capacidade de aportar novas ideias ao seu trabalho, ideias essas que poderão melhorar o serviço ao cliente, promover a qualidade, reduzir custos e melhorar a segurança.

Bodek frequentemente leciona, apresenta palestras e ministra cursos sobre serviço ao cliente, produtividade, qualidade e melhoria de processos em associações de gestores. Ele também participa de conferências e *worshops* internos de treinamento.

W. Edwards Deming

W. Edwards Deming, que viveu durante quase todo o século XX (1900-1993), foi um dos mais conhecidos proponentes, em nível mundial, do desempenho de qualidade.

Começou sua carreira trabalhando para o Departamento de Agricultura dos Estados Unidos (USDA), onde enveredou para o campo da estatística. Durante o período em que trabalhou no USDA, Deming redirecionou seus empreendimentos estatísticos para uma abordagem preditiva, analítica e inferencial que envolvia projetar um experimento, examinar os dados resultantes e subsequentemente fornecer diretrizes sobre como agir em quaisquer situações. Mais tarde, depois de conhecer Walter Shewhart, Deming começou a estudar e a desenvolver ideias sobre a aplicação de métodos estatísticos à produção e ao gerenciamento industriais. Os interesses de Deming, contudo, não se resumiam ao processo de manufatura, mas também se estendiam aos processos de gestão e liderança presentes em qualquer tarefa.

Deming recebe, merecidamente, o crédito pela recuperação japonesa após a Segunda Guerra Mundial e pela subsequente produção com qualidade. Em 1950, Deming foi convidado para ir ao Japão conduzir um seminário para líderes empresariais. Aproveitou a oportunidade para defender o uso de um sistema que registrasse o número de defeitos do produto, analisasse por que os efeitos haviam ocorrido, incorporasse mudanças corretivas, registrasse as melhorias na qualidade e refinasse o processo até que ele passasse a ser corretamente desempenhado. Seu segredo foi fazer tudo certo na primeira vez. Como as ideias de Deming refletiam a antiga tradição japonesa de trabalho duro e produção de alta qualidade, os líderes empresariais japoneses adotaram essa filosofia. Talvez a contribuição mais significativa aos princípios empresariais japoneses tenha sido sua insistência em que as companhias tratassem os funcionários como assessores valiosos, em vez de apenas mão de obra assalariada.

Em 1993, Deming fundou o W. Edwards Deming Institute®, com sede em Washington (EUA). A missão do instituto é incentivar a compreensão do trabalho de Deming em prol do comércio, da prosperidade e da paz. A corporação sem fins lucrativos proporciona serviços de ensino centrados nas técnicas de Deming. Além de oferecer seminários e *workshops*, o instituto doou à Biblioteca do Congresso norte-americano todo o trabalho escrito de Deming.

Usando os princípios *lean* para satisfazer os padrões da Joint Commission

APÊNDICE B

A missão da Joint Commission é aumentar a segurança do paciente e a qualidade da assistência à saúde. A principal maneira de concretizar essas metas é estabelecer padrões de desempenho e então avaliar e comparar a qualidade e a segurança do cuidado médico oferecido pelas empresas de assistência à saúde com esses padrões nacionais.

Empresas de assistência à saúde com pretensões de implementar os cinco passos do pensamento *lean* em suas operações gostarão de saber que os princípios *lean* facilitam, direta ou indiretamente, a concretização de muitos dos padrões de qualidade da Joint Commission. Os padrões mais diretamente relacionados à metodologia *lean* são aqueles que melhoram o desempenho, a liderança e a assistência aos pacientes. Este apêndice oferece uma amostra de alguns dos padrões básicos de qualidade promulgados pela Joint Commission em cada uma dessas áreas, seguidos por referências aos princípios *lean* que são aplicáveis para que esses padrões sejam respeitados.

Melhorando o Desempenho da Organização (*Improving Performance* - PI)

Padrões da Joint Commission

PI.1.10

A empresa coleta dados para monitorar seu desempenho.

A melhoria do desempenho é um processo contínuo. Envolve a mensuração do funcionamento de importantes processos e serviços e, quando indicado, a identificação de mudanças que melhoram o desempenho. Essas mudanças são incorporadas a processos de trabalho, produtos ou serviços, novos ou já em vigor, e o desempenho é monitorado a fim de assegurar que as melhorias sejam sustentáveis. Dados reunidos para concretizar essas metas podem proceder de fontes internas, como funcionários, ou externas, como pacientes.

Aplicação do pensamento *lean*: em um sistema *lean*, a contínua mensuração de processos para aperfeiçoar o desempenho é uma das principais funções do segundo passo *lean*: a identificação da cadeia de valor, que é o conjunto de todas as ações necessárias para produzir um produto/serviço do começo ao fim. Mapear a cadeia de valor e estabelecer um fluxo contínuo (produzir um produto/serviço do começo à sua conclusão sem interrupções ou demora desnecessária) envolve reconhecer e utilizar o que funciona e eliminar aquilo que não funciona. Esse processo de revisão continuada melhora o desempenho.

Ainda que recomende a continuada coleta e análise de dados pelo pessoal, o pensamento *lean* também requer contribuições dos pacientes (fornecer aos pacientes aquilo de que precisam quando isso se fizer necessário é o primeiro passo *lean*). Isso proporciona um ponto focal para analisar dados a fim de direcionar o aperfeiçoamento do desempenho.

A única ressalva da contínua coleta e análise *lean* de dados é que essa atividade não pode gerar desperdício.

Padrões da Joint Commission
PI.2.30
Processos para a identificação e o gerenciamento de eventos sentinela são definidos e implementados.

PI.3.20
Um programa contínuo e proativo para identificar e reduzir eventos adversos não previstos, bem como riscos à segurança dos pacientes, é definido e implementado.

Um importante aspecto para a melhoria do desempenho é reduzir efetivamente os fatores que contribuem para o surgimento de eventos adversos imprevistos e seus resultados. Eventos e resultados imprevistos podem ser causados por sistemas mal projetados, falhas nos sistemas ou erros. Reduzir os eventos adversos e resultados imprevistos exige um ambiente em que pacientes e suas famílias, os funcionários e os líderes da organização consigam identificar e administrar riscos reais e potenciais da segurança. Tal ambiente incentiva que as atenções concentrem-se em processos e sistemas, minimizando, assim, culpas ou responsabilizações individuais pelo envolvimento em um evento adverso imprevisto, e também investigando os eventos imprevistos e compartilhando o que foi descoberto.

Aplicação do pensamento *lean*: eliminar o desperdício, definido como tudo aquilo que não agrega valor ao produto final, é o conceito que define o pensamento *lean*. Falhas e erros ou defeitos dos sistemas são muitas vezes causados pelo desperdício. O pensamento *lean* defende a busca e identificação do desperdício e sua eliminação da corrente de valor e do fluxo do processo, de tal forma que eventos e resultados adversos possam ser prevenidos. O pensamento *lean* é especialmente sensível às necessidades do paciente. Ao iniciar o primeiro passo *lean*, isto é, definir o valor de um produto/serviço pela perspectiva do cliente/paciente, estabelece-se um ambiente focado nos pacientes, em que eles, seus familiares e a equipe da organização de assistência à saúde possam especificar valor que não apresente riscos reais ou potenciais à segurança.

O pensamento *lean* não incentiva respostas retaliatórias ou punitivas. Na verdade, a defesa, pelo pensamento *lean*, de compartilhamento transparente enfatiza a melhoria ou mudança dos processos, em vez da atribuição de culpas. Além disso, de acordo com a filosofia do pensamento *lean*, a melhoria só pode ocorrer se todos os integrantes da equipe possuírem todas as habilidades para reconhecer valor, identificar desperdício e planejar a produção como um membro do time, compartilhando decisões e informações. Quando um evento adverso se apresenta, o pensamento *lean* requer uma revisão do ocorrido, bem como uma solução para ajustar o processo; a técnica de "parada automática de linha" do Virginia Mason Medical Center é um bom exemplo. (Ver "Controle visual", no Capítulo 2.)

Liderança (LD)

Padrões da Joint Commission

LD.3.90

Os líderes desenvolvem e implementam políticas e procedimentos para o cuidado, o tratamento e a prestação de serviços.

LD.4.40

Os líderes garantem a implementação de um programa integrado de segurança do paciente em todos os níveis da organização.

Este padrão enfatiza a necessidade de os líderes organizacionais integrarem tanto as atividades já existentes quanto as recém-criadas para segurança do paciente, que guiam e apoiam o suporte ao cuidado, tratamento e serviços prestadores ao paciente. Os líderes precisam ser igualmente responsabilizados por essa integração, e eles precisam garantir que todas as atividades sejam consistentemente implementadas. Eles devem patrocinar um ambiente seguro mediante o desenvolvimento, a instalação e a supervisão de um programa de segurança do paciente que seja integrado a todos os processos, funções e serviços relevantes do hospital.

Aplicação do pensamento *lean*: um sistema de pensamento *lean* é elaborado para funcionar melhor em um ambiente focado no paciente. Isso significa que uma organização *lean* se volta para seus pacientes a fim de especificar valor no processo, mas também implica que os líderes que ativamente promovem a segurança dos pacientes estão concretizando o valor básico requerido por eles. Os pacientes recorrem aos líderes das organizações para garantir que os serviços por eles desejados sejam realizados sem qualquer risco à sua segurança. O pensamento *lean*, por sua vez, encarrega os líderes de darem aos clientes/pacientes aquilo que desejam, sempre que o desejam.

Provisão de Cuidados, Tratamento e Serviços (PC)

Padrões da Joint Commission

PC.4.10

O desenvolvimento de um plano para cuidado, tratamento e prestação de serviços é individualizado e apropriado às necessidades, aos pontos fortes, às limitações e aos objetivos de cada paciente.

O cuidado, o tratamento e os serviços são providos por meio da competente coordenação e conclusão de uma série de processos que inclui a apropriada avaliação inicial das necessidades do paciente, o desenvolvimento de um plano de cuidados, tratamento e serviços; a provisão dos cuidados; tratamento e serviços, a contínua análise para saber se o cuidado, o tratamento e os serviços estão, suprindo as necessidades do paciente; e a alta bem-sucedida do paciente ou sua transferência ao centro adequado para a continuação dos cuidados, do tratamentos e dos serviços.

Aplicação do pensamento *lean*: o primeiro passo do pensamento *lean*, que é especificar valor com base nas necessidades do paciente, estabelece o cenário para que uma organização de assistência à saúde possa satisfazer o padrão PC.4.10. Basicamente, a função de uma organização é servir ao cliente – neste caso, o paciente – e o pensamento *lean* faz dessa função a premissa de sua filosofia.

Padrões da Joint Commission

PC.5.60

A organização coordena os cuidados, o tratamento e os serviços prestados ao paciente como parte de um plano condizente com seus objetivos.

Os processos ou elementos centrais da prestação de cuidados, tratamento e serviços devem ser vistos não em forma de passos ou estágios separados, mas, como atividades inter-relacionadas em um processo integrado e continuado. As atividades relacionadas à prestação de cuidados, tratamento e serviços devem ser capazes de transitar com facilidade entre os elementos de acordo com as necessidades do paciente, e manter a continuidade do cuidado, tratamento e dos serviços.

Aplicação do pensamento *lean*: a descrição das necessidades desse padrão constitui basicamente a descrição do fluxo, o terceiro passo do pensamento *lean*. Para satisfazer as necessidades do paciente, a prestação do cuidado deve fluir sem interrupções e sem demora. O fluxo permite a continuidade e ajuda a satisfazer o principal valor do paciente: o que ele precisa, quando ele precisa. Em termos de assistência à saúde, a maioria dos pacientes sempre quer aquilo de que precisa na hora em que precisa, e isso torna-se parte do processo de estabelecimento de valor.

Expectativas de Implementação das Metas Nacionais de Segurança do Paciente

As Metas Nacionais de Segurança do Paciente para 2006, da Joint Commission, incluem um novo objetivo, a Meta 13, que preenche especificamente os critérios do pensamento lean em relação à segurança do paciente.

Meta 13

Incentivar o envolvimento ativo dos pacientes e de suas famílias no seu próprio cuidado como estratégia de segurança.

O raciocínio que justifica esta meta estabelece que a comunicação com clientes/pacientes e seus familiares a respeito de todos os aspectos do seu cuidado e tratamento e dos serviços recebidos constitui uma importante característica de uma cultura de segurança. Quando clientes/pacientes sabem o que esperar, têm consciência mais clara a respeito de possíveis erros e opções. Clientes/pacientes/residentes podem constituir uma importante fonte de informação a respeito de potenciais eventos adversos e de condições de risco.

Aplicação do pensamento *lean*: o raciocínio não apenas se aplica à cultura de segurança de uma organização, como também adapta-se à abordagem da metodologia *lean*, focada no paciente. Uma organização de assistência à saúde comprometida com a implementação do pensamento *lean* deve começar colocando o paciente na condição de principal foco do processo.

Fontes de pesquisa sugeridas APÊNDICE C

Adams R. W.: What works for Toyota, works for hospital. *The Ledger*, Jul. 18, 2004. http://search.theledger.com/apps/pbcs.dll/article?AID=/20040718/NEWS/407180435/0/FRONTPAGE

Altshuler A., et al.: *The Future of the Automobile: The Report of MIT's International Automobile Program.* Cambridge, MA: MIT Press, 1986.

American Society for Quality: *Deming Cycle or Shewhart Cycle*. http://www.asq.org.

American Society for Quality: *Total Quality Management*. http://www.asq.org.

Berwick D., Kabcenell A., Nolan T.: No Toyota yet, but a start: A cadre of providers seeks to transform an inefficient industry – Before it's too late. *Mod Healthc* 35:18-19, Jan. 31, 2005.

Betbeze P.: Picking up the pace. *HealthLeaders*, May 2004. https://cambio.healthleaders.com/magazine/feature1.php?contentid=54554.

Brue G.: The elephant in the operating room. *Quality Digest* pp. 49-53, Jun. 2005.

Bushell S., Mobley J., Shelest B.: Discovering lean thinking at Progressive Healthcare. *Journal for Quality and Participation* 25:20-25, Summer 2002.

Caldwell C.: The senior leader's role in lean six sigma strategy development. *Healthcare Resources Guide*. http://www.asq.org/healthcare

Connolly C.: Toyota asssembly line inspires improvements at hospital. *Washington Post*, Jun. 3, 2005.

Dailey K. W.: *The Lean Manufacturing Pocket Handbook*. DW Publishing, 2003.

Feinstein K. W., Grunden N., Harrison E. I.: A region addresses patient safety. *Am I Infect Control* 30:248-251, Jun. 2002.

Ferguson J.: When quality means business: N.J. hospital finds that efficiency and effectiveness of care add to the bottom line. *Mod Healthc* 35:26-27, Feb. 21, 2005.

Fosdick G.A.: Adopting cross-industry best practices: A provider organization's case study demonstrates measurable results. *Healthc Exec* 20:58, 60, Mar-Apr. 2005.

Fujimoto T.: *The Evolution of a Manufacturing System at Toyota*. New York: Oxford University Press, 1999.

Furman C.: Implementing a patient safety alert system. Nurs Econ 23:42-45, Jan.-Feb. 2005.

Gemba Research: TPS – *Toyota Production System or Thinking People System*. http://www.gemba.com/consulting.cfm?id=144

George M.L., Maxey J., Rowlands D. T.: *The Lean Six Sigma Pocket Toolbook? A Quick Reference Guide to 70 Tools for Improving Quality and Speed*. New York: McGraw-Hill, 2004.

Grunden N.: Quality through collaboration. *Dynamic Business* pp. 16-19, 32, Nov. 2004. Reprint of author's statement before the HEART Health Care Task Force, Harrisburg, PA, Aug. 28, 2004. http://www.smc.org/Pdfs/Update-Pdfs/quality.pdf

Health Care Professional's Network Web *site*: http://www.wlm-web.com/hcnet/index2.htm

Hill D.: Physician strives to create lean, clean health care machine: Studies of manufacturing process may one day help make your practice more efficient. *Physician Exec* 27:62-65, Sep.–Oct. 2001.

Institute for Healthcare Improvement: *Going Lean in Health Care*. Innovation Series 2005. http://www.ihi.org/NR/rdonlyres/F4E4084A-6297-44DB-8A78-75008F6DA7A1/0/GoingLeaninHealthCareWhitePaper.pdf

Institute for Healthcare Improvement: *Health Care Leader Leading: A Dana-Farber Cancer Institute Executive Describes the Crucial Role of Leadership in Driving Patient Safety*. http://www.ihi.org/IHI/Topics/PatientSafety/MedicationSystems/Literature/HealthCareLeadersLeadingADanaFarberCancerInstituteexecutive describesthecrucialroleofleadershipindriv.htm

Institute for Healthcare Improvement: *Leading System Improvement*. http://www.ihi.org/IHI/Topics/LeadingSystemImprovement

iSixSigma LLC: Six Sigma — *What Is Six Sigma?* http://www.isixsigma.com/sixsigma/six_sigma.asp

Jimmerson C., Weber D., Sobek D.K. II: Reducing waste and errors: Piloting lean principles at Intermountain Healthcare. *It Comm J Qual Patient Saf* 31:249-257, May 2005.

Joint Commission Resources: *Overcoming Performance Management Challenges in Hospitals*. Oakbrook Terrace, IL: Joint Commission on Accreditation of Healthcare Organizations, 2005.

Kolodziej J.H.: The lean team. *Mich Healt Hosp* 37:24-26, Jan.-Feb. 2005. http://lii.net/deming.html

Leadership Institute, Inc.: *Who Is Dr. W. Edwards Deming?* Updated May 26, 2005. http://lii.net/deming.html.

Lean Concepts, LLC: *Lean into Your Organization*. http://leanconcepts.com/about_us.htm

Lean Enterprise Institute: *The Anatomy of Innovation*. http://www.lean.org/Community/Registered/ArticleDocuments/Shadyside%20Success%20Story%20by%20LEI%202%20W.doc

Liker J.: *The Toyota Way: 14 Management Principles from the World's Greatest Manufacturer*. New York: McGraw-Hill, 2003.

Long J. C.: Healthcare lean. *Mich Health Hosp* 39:54-55, Jul.-Aug. 2003.

Martin K.: On lean enterprise and its potential healtcare applications. *J Healthc Qual* 25:2, 43, Sep.-Oct. 2003.

McAuliffe J., Moench T., Wellman, J.: Lean leadership: Three phases of development. *H&HN Online*, Feb. 22, 2005. http://www.hospitalconnect.com/hhnmag/jsp/articledisplay.jsp?dcrpath=HHNMAGPubsNewsArticle/data/050222HHN_Online_McAuliffe&domain=HHNMAG

McBride D.: *The 7 Manufacturing Wastes*. EMS Consulting Group. Aug. 29, 2003 (updated Sep. 2, 2003). http://www.emsstrategies.com/dm090203article2.html

Merriam G.: Efficiency system revs up health care. *Missoulian*, Feb. 29, 2004. http://missoulian.com/articles/2004/02/29/news/local/news03.txt

Moore P.L.: Outside insights: What Dr. Gabow learned from FedEx and Ritz-Carlton. *Physicians Practice*, Oct 2004. http://www.physicianspractice.com/index.cfm?fuseaction=articles.details&article_id=570

Moyers H., Shaw J.G., New W.: *Choosing a Quality/Performance Improvement Methodology*. Shaw Resources. 2004. http://www.shawresources.com/artchoosingqualityimprovementmethod.html

Mullenhour P., Flinchbaugh J.: Bringing lean systems thinking to six sigma. *Quality Digest* 25:38-41, Mar. 2005.

National Primary and Care Trust Development Programme: *Lean Processes*. Jun. 2, 2003. http://www.natpact.nhs.uk/

Nave D.: How to compare six sigma, lean and the theory of constraints: A framework for choosing what's best for your organization. *Quality Progress* 35:73-78, Mar. 2002.

Neurath P.: Toyota gives Virginia Mason docs a lesson in lean. *Puget Sound Business Journal*, Sep. 12, 2003.

Ohno T.: *Toyota Production System: Beyond Large-Scale Production*. Cambridge, MA: Productivity Press, 1988.

Panchak P.: Lean health care? It works! *Industry Week*, Nov. 1, 2003.

Pieper S.K.: "Good to great" in healthcare: How some organizations are elevating their performance. *Health Exec* 19:20-26, May-Jun. 2004.

Pittsburgh Regional Healthcare Initiative puts new spin on improving healthcare quality. *Qual Lett Healthc Lead* 14:2-11, Nov. 2002.

Poppendieck M.: *Principles of Lean Thinking*. Poppendieck, LLC, 2002. http://www.poppendieck.com/papers/LeanThinking.pdf

Praxiom Research Group: *ISO 9001 2000 Translated into Plain English*. Updated Apr. 16, 2005. http://www.praxiom.com/iso-9001.htm.

QMI Solutions: *What Is the Theory of Constraints, and How Does It Compare to Lean Thinking?* http://www.qmisolutions.com.au/article.asp?aid=52

Rosen L.: Applying industrial engineering practices to radiology. *Radiol Manage* 26:32-35, Nov.-Dec. 2004.

Shingo S.: *A Study of the Toyola Production System from an Industrail Engineering Viewpoint*, rev. ed. Trans. by Andrew P. Dillon. Cambridge, MA: Productivity Press, 1989.

Spath P.: Is your organization thinking lean? *Hosp Peer Rev* 29:99-100, Jul 2004.

Tapping D.M.: *The Lean Pocket Guide: Tools for the Elimination of Waste!* Chelsea, MI: MCS Media, 2003.

Taylor M.: Quality as gospel. *Mod Healthc* 35:32-34, 36, 38 passim. May 2, 2005.

Thompson D.N., Wolf G.A., Spear S.J.: Driving improvement in patient care: Lessons from Toyota. *J Nurs Adm* 33:585-595, Nov. 2003.

Tinham B.: *Lean Thinking: Smarter Ways to Better Business*. Manufacturing Computer Solution. Jan. 2003. http://www.saferpak.com/lean_art3.htm

Toyota Motor Manufacturing, Kentucky, Inc.: *Some Historical Background*. 2004. http://www.toyotageorgetown.com/history.asp

TQM/CQI *Quality Links*. http://www.mytapestry.com/qlinks.html

Wisconsin Collaborative for Healthcare Quality: *A Brief History of WCHQ*. http://www.wiqualitycollaborative.org/about/history.asp

Womack J. P.: *How Lean Compares with Six Sigma, Re-engineering., TOC, TPM, etc.* Lean Enterprise Institute. Jul. 14, 2003. http://www.lean.org/

Womack J.P.: *Lean Beyond the Factory*. Lean Enterprise Institute. Jan. 1, 2005. http://www.lean.org/

Womack J.P., Jones D.T.: *Lean Solutions: How Companies and Customers Can Create Value and Wealth Together*. New York: Free Press, 2005.

Womack J.P., Jones D.T.: *Lean Thinking: Banish Waste and Create Wealth in Your Corporation*, 1st Free Press ed., rev. and updated. New York: Free Press, 2003. Original edition, New York: Simon & Schuster, 1996.

Womack J.P., Jones D.T.: *Seeing the Whole: Mapping the Extended Value Stream*. Brookline, MA: Lean Enterprise Institute, 2002.

Womack J.P., Jones D.T., Roos D.: *The Machine That Changed the World: Based on the Massachusetts Institute of Technology 5-Million-Dollar 5-Year Study on the Future of the Automobile*. New York: Rawson Associates, 1990.

Yelton A.M.: *Making the Journey Toward Cultural Change in Healthcare*. http://healthcare.isixsigma.com/library/content/c050302a.asp

Young D.: Six sigma black-belt pharmacist improves patient safety. *Am J Health Syst Pharm* 61:1988, 1992, 1996, Oct. 2004.

Sites com pensamento *lean* em nível universitário

O Centro para Mudança Competitiva, da University of Dayton (Ohio, EUA), fornece treinamento *lean*, originalmente com mestres da Toyota, e atualmente com 32 treinadores. *Worshops* também são realizados abordando tópicos como escritório *lean*, TI *lean*, contabilidade *lean*, desenvolvimento de produtos, causa-raiz, fundamentos do *lean*, STP e confiabilidade dos equipamentos (http://www.competitivechange.com).

O Programa de Produção *Lean* da University of Kentucky oferece recursos extensivos a empresas em todas as fases da implementação do pensamento *lean*. Os treinamentos públicos e também os realizados nas sedes das empresas incluem uma série de cursos que garantem certificados, um instituto de liderança, treinamento executivo e seminários sobre sistemas humanos, contabilidade *lean*, gestão da cadeia de valor, logística *lean*, etc. (http://www.mfg.uky.edu/lean).

Sites com estudos de casos

- Cancer Treatment Centers of America at Midwestern Regional Medical Center: http:/www.cancercenter.com/miwestern.hospital.cfm
- Pittsburgh Regional Healthcare Initiative: http://www.prhi.org
- ThedaCare: http://www.thedacare.org

Glossário

Os termos a seguir são comumente relacionados ao pensamento *lean* e podem servir como referência quando for feita a abordagem da metodologia *lean*.

Abordagem Planejar-Fazer-Estudar-Agir (PDSA, da sigla em inglês): também conhecida como ciclo de Shewhart, ou Deming, é uma abordagem contínua do processo de melhoria, desenvolvida em 1931 por Walter A. Shewhart, um estatístico da Western Electric nos Estados Unidos. O PDSA é um ciclo para testar mudanças no cenário do trabalho com planejamento, experimentação, exame dos resultados e ação, conforme o que foi aprendido.

Atividade de valor agregado: atividade que contribui com valor definido, por exemplo, realizar um serviço específico para o cliente ou paciente.

Atividade sem valor agregado: atividade que não agrega valor, mas que constitui parte inevitável do processo de produção.

Autonomação: processo pelo qual as máquinas são programadas para detectar qualquer defeito e imediatamente interromper seu fluxo para que se possa pedir ajuda; foi desenvolvido por Sakichi Toyoda quando inventou os teares automáticos que paravam quando um fio se rompia.

Cadeia de valor: são tarefas específicas necessárias para se fabricar um determinado produto ou serviço.

Causa-raiz: a causa mais profunda de um problema ou de uma situação.

Cinco esses (5S): cinco palavras japonesas iniciadas com a letra "s" que representam as atividades indispensáveis para criar um local de trabalho com controle visual e função *lean*: *seiri* (selecionar), *seiton* (simplificar), *seiso* (abranger), *seiketsu* (padronizar) e *shitsuke* (sustentar).

Cinco porquês: estratégia de perguntar "por quê?" cinco vezes sempre que se encontra um problema com o objetivo de identificar sua causa-raiz; foi desenvolvida por Taiichi Ohno.

Controle visual: ver *gestão visual*.

Custeio baseado em atividade: sistema de contabilidade gerencial que atribui custos a produtos/serviços com base no montante dos recursos usados para projetá-los e fornecê-los.

Custo-alvo: o custo que a produção de um determinado artigo não pode exceder se o que se pretende obter é a satisfação do cliente e um retorno aceitável sobre o investimento do produtor.

Defeito: má qualidade do trabalho.

Desdobramento da função qualidade (QFD – *quality function deployment*): sistema de tomada de decisão que permite aos integrantes da equipe padronizar o trabalho para que os procedimentos sejam sempre iguais.

Deslocamento das pessoas: a distância que os membros da equipe precisam percorrer para chegar ao seu local de trabalho. Comparar com *deslocamento do produto*.

Deslocamento do produto: a distância que um produto ou atividade de serviço precisa percorrer para satisfazer as necessidades do paciente.

Desperdício: tudo aquilo que não agrega valor ao produto ou serviço final.

Diagramas de causa e efeito: diagramas que identificam fatores que contribuem para um processo.

Fluxo de uma única peça (fluxo único): processo durante o qual um produto/serviço avança, um de cada vez, ao longo do projeto, pedido e da produção, sem interrupção ou desperdício.

Fluxo: o avanço das tarefas ao longo da cadeia de valor.

***Gemba*:** palavra japonesa que significa "local de trabalho" ou "local real", onde ocorre o trabalho que cria valor.

Gestão de Qualidade Total (TQM, da sigla em inglês): um sistema que se esforça continuamente para melhorar e definir qualidade pela perspectiva do paciente. Comparar com *melhoria contínua de qualidade* e *kaizen*.

Gestão visual: estabelecimento de um sistema de controle visual que indica a olho nu o status do desempenho da produção, para que todos os envolvidos possam facilmente enxergar o que está ocorrendo no momento em que ocorre.

ISO 9001: conjunto internacional de padrões para qualificação do controle de qualidade global.

***Just-in-time* (JIT):** sistema que produz e entrega produtos requisitados na quantidade desejada e no prazo solicitado; geralmente é usado para controle de estoque.

***Kaikaku*:** palavra japonesa que significa "melhoria radical"; é usada no pensamento *lean* para designar melhoria radical de uma atividade que pretende eliminar o desperdício.

***Kaizen*:** palavra japonesa que significa "melhoria contínua, incremental"; é usada no pensamento *lean* para designar melhoria permanente, passo a passo, de uma atividade que pretende criar mais valor pela eliminação do desperdício.

***Kanban*:** dispositivo sinalizador que autoriza e dá instruções para a produção ou para a produção ou para a retirada de itens em um sistema puxado. O termo significa "sinais" ou "quadro de sinais" em japonês.

***Lead time*:** o tempo total que um paciente ou cliente espera desde o pedido até a prestação do serviço. Comparar com *tempo de processamento*.

***Lean* seis sigma:** sistema de melhoria e gerência de qualidade que combina os princípios do pensamento *lean* com os do seis sigma.

Mapa do fluxo de valor – estado atual: visão da cadeia de valor da forma como ela se apresenta no momento da observação.

Mapa do fluxo de valor – estado futuro: visão da cadeia de valor da forma como poderá se apresentar no futuro.

Mapeamento da cadeia de valor: identificação de todas as atividades ou processos específicos que ocorrem ao longo de uma cadeia de valor de um determinado produto ou serviço.

Mapeamento da função tempo: gráfico que mostra a relação entre tempo despendido e tempo antecipado para concretizar um processo.

Melhoria contínua de qualidade (CQI, da sigla em inglês): modelo para reduzir defeitos em um sistema permanentemente. Comparar com *kaizen* e *Gestão de Qualidade Total*.

***Muda*:** palavra japonesa para "desperdício"; é usada no pensamento *lean* para designar qualquer atividade que consome recursos, mas não cria valor para o cliente.

Padronização: quando se segue o mesmo procedimento todas as vezes.

Parada automática de linha (parar a linha): fazer cessar o trabalho todas as vezes que é necessário na corrente de valor para prevenir a ocorrência ou propagação de erros.

Perfeição: eliminação total do desperdício ao longo de uma cadeia de valor de maneira que todas as atividades agreguem valor.

Processo puxador: qualquer processo ao longo da cadeia de valor que estabelece o ritmo, ou passo, para toda a cadeia.

Processo: uma série de ações ou operações necessárias para completar um serviço ou produto.

Puxar: atividade que move a produção e as instruções ao longo do processo quando o cliente indica uma necessidade.

***Seiketsu*:** palavra japonesa que significa "padronizar", ou comandar as opções, simplificar e abolir funções a intervalos frequentes para manter o local de trabalho em condições satisfatórias; é um dos *cinco esses* usados para criar um local de trabalho para a função *lean*.

***Seiri*:** palavra japonesa que significa "selecionar", ou separar as ferramentas e instruções que são necessárias daquelas que são dispensáveis, e remover as dispensáveis para obter espaço; é um dos *cinco esses* usados para criar um local de trabalho para a função *lean*.

***Seiso*:** palavra japonesa que significa "abranger", ou limpar e verificar se os equipamentos estão adequados para o trabalho que está sendo realizado; é um dos *cinco esses* usados para criar um local de trabalho para a função *lean*.

***Seiton*:** palavra japonesa que significa "simplificar", ou identificar e acertar o que é necessário para facilitar a utilização, isto é, um *layout* padrão; é um dos *cinco esses* usados para criar um local de trabalho para a função *lean*.

***Sensei*:** palavra japonesa que significa "professor pessoal com especialização em um corpo de conhecimentos".

Sete desperdícios: classificação de desperdícios (*muda*, em japonês) em sete categorias: superprodução, espera, transporte, excesso de processamento, estoque desnecessário, movimento e defeitos; foi desenvolvida por Taiichi Ohno.

***Shitsuke*:** palavra japonesa que significa "sustentar", ou adquirir o hábito de seguir os primeiros "quatro esses": selecionar, simplificar, abranger e padronizar; é um dos *cinco esses* usados para criar um local de trabalho para a função *lean*.

Six sigma: sistema de melhoria de qualidade relativo à redução de erros para seis desvios padrão a partir do valor médio do resultado ou das oportunidades de tarefa de um processo (1 erro por 300 mil oportunidades).

STP: originalmente, chamado de Sistema Toyota de Produção; foi rebatizado pela Toyota como Sistema de Pessoas Pensantes.

***Takt*:** palavra alemã que significa "batida", "ritmo" ou "medida"; sincroniza o índice de tempo de produção com a taxa de demanda do cliente.

Tempo de ciclo: o tempo necessário para completar o ciclo de uma operação. Se o ciclo de tempo para cada operação em um processo é igual, é possível produzir artigos num fluxo de peça única.

Tempo de processamento: o tempo que um produto ou serviço leva para ser feito, normalmente uma pequena parte do tempo de acabamento e do *lead time*.

Teoria das Restrições (TOC, da sigla em inglês): teoria segundo a qual um sistema ou um processo tem uma série de atividades vinculadas, uma das quais atua como restrição sobre o sistema inteiro; foi desenvolvida por Eliyahu Goldratt.

***Throughput time*:** o tempo decorrido desde a criação do conceito do produto até a sua entrega ao consumidor. Comparar com *tempo de processamento* e *lead time*.

Três pês: produção, preparação e processo; é aplicável ao desenho de novos processos.

***Trystorming*:** extensão de aplicação prática do *brainstorming*.

Valor: necessidade definida e fornecida ao paciente no momento certo e com o custo adequado.

Índice